KB128879

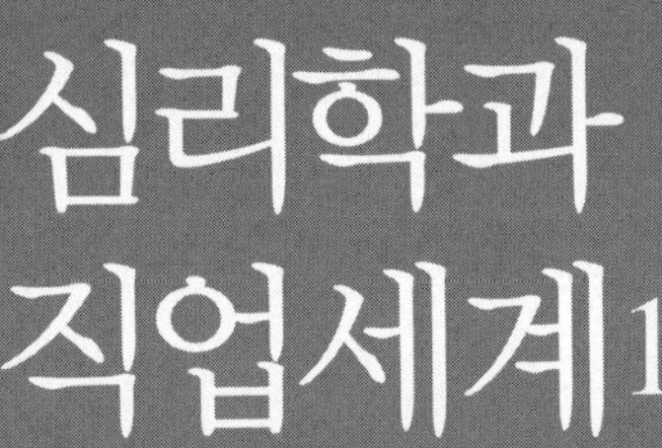

한국심리학회

Psychology and Career

학지사

머리말

많은 사람들
심리학에 길을 묻네,
연결의 과학!

–『커넥션의 심리학』* 서문

이 책은 대학교에서 심리학을 전공하고, 수많은 다양한 직업세계로 진출한 분들의 스토리텔링 책입니다. 이 책은 이분들 자신의 직업세계와 심리학이 어떻게 연결되어 있는지를 보여 줄 것이고, 이는 특히 심리학 전공 학부생이나 장차 심리학 전공에 뜻을 두려는 사람들과 심리학과를 지망하려는 중 · 고생 및 학부모님들께도 좋은 참고가 될 것입니다.

많은 사람들이 심리학에 길을 묻고 있습니다. 이는 오늘날 21세기의 복잡하고 다양한, 수많은 요인들로 인해 연결의 과학인 심리학의 사회적 필요와 요구가 높아지고, 그에 대한 부응이 일어나기 시작하면서 그 어느 때보다 심리학 연구가 활발하게 이루어지고 있으며 또한 이루어져야 한다는 것을 의미합니다. 심리학은 연결의 과학입니다. 왜냐하면 심리학은 무수한 주제들을 상호연결된

* Feist, G. J., & Rosenberg, E. L. (2011). 커넥션의 심리학(손정락, 강혜자, 김교헌 역). 서울: 교보문고.

체계로 통합하는 과학이기 때문입니다. 예를 들어, 최근의 유명한 강연 주제인 '21세기 CEO, 심리학에 길을 묻다'는 세상의 모든 일에는 인간이 관여하고 그에 관련된 사람들의 문제가 원활히 잘 풀려야 일도 풀리기 때문에 사람들이 이제야 비로소 심리학에서 그 해법의 실마리를 찾게 되었다는 것을 보여 줍니다. 잘 아시다시피 애플의 스티브 잡스도 끊임없이 인간 심리에 관심을 갖고 추구하였다고 합니다. 어떻게 잘 연결하는가가 인생과 직업에서의 성공을 이끄는 포인트가 될 것입니다. 그래서 우선은 그것을 잘 연결시킨 사람들의 스토리텔링을 귀기울여 경청해 볼 필요가 있습니다.

이 책을 펴낸 한국심리학회는 회원 수가 1만 명이 넘고, 그 산하로 14개 전문 학회가 조직되어 있는 큰 학회로 심리학과 관련된 다양하고 광범위한 많은 일을 하고 있습니다. 이 출판도 그중의 하나로, 세상과 연결하고 소통하는 중요한 일이 되고 있습니다. 2010년에는 『심리학으로 밥먹고 살기』를 출판하여, 큰 호응을 받았습니다. 2012년 『심리학과 직업세계 1』이라는 타이틀을 시작으로 앞으로 계속해서 발간될 것으로 보고 있습니다. 향후 심리학 전공 서적뿐만 아니라 일반인들을 위한 이와 같은 심리학 서적이나 잡지를 출판하는 한국심리학회 출판부가 설립되기를 희망합니다. 보다 많은 사람들이 심리학과 연결되고, 심리학이 개인의 일과 삶에서 좋은 연결이 되기를 바라는 마음 한량없습니다.

이 책을 기획하신 한국심리학회의 총무이사 김명식 교수, 집필을 기꺼이 수락해 주신 심리학과 출신 동학들께 감사드립니다. 이 집필을 계기로 연결이 더욱 두터워지고 관계가 따뜻해지기를 소망합니다. 또한 심리학이라는 매력적인 학문에 우리를 이렇게 연결해 준 것에 거듭 감사를 표합니다.

이 책의 편집과 출판을 기꺼이 해 주신 학지사의 김진환 사장과의 연결에도 감사드립니다. 독자들의 웰빙을 기원합니다.

지식과 지혜가 결집된 한국심리학회는 앞으로도 세상과 적극적인 연결과 소통을 위하여 끊임없이 정성을 기울일 것입니다.

2012년
한국심리학회 제42대 회장
전북대학교 심리학과 교수
손정락

contents

Psychology & Carrer

01

통합적이고 포괄적인 시각 기르기

 profile

박랑규

아이코리아 치료교육연구원 원장
한양대학교 아동심리치료학과 겸임교수
이화여자대학교 심리학 박사(발달심리학)
rgpark4614@yahoo.co.kr

●●

안녕하세요? 저는 장애아동을 위한 치료교육연구원을 운영하고 있습니다. 우리 연구원은 언어 · 정서 · 사회성 · 인지발달 등의 문제로 사회에 적응하기 어려워하는 영아, 유아, 아동, 청소년 및 가족에게 다양한 방법으로 전문적인 치료를 제공하고, 사회에 적응할 수 있도록 도움을 줍니다. 우리는 임상 경험이 풍부한 여러 분야의 전문가들을 한 팀으로 구성해서 통합 프로그램을 제공하고 치료 효과를 높이고 있어요. 현재 언어치료, 놀이치료, 모래놀이치료, 부모자녀관계치료, 심리행동치료, 음악치료, 미술치료, 인지학습지원, 부모교육 및 상담 등의 프로그램을 진행하고 있습니다. 또한 공개부모교육, 교사교육, 전문가 세미나, 전문가 훈련, 치료교육 프로그램 개발 등의 교육 및 연구 활동도 전개하고 있습니다.

이곳에서 제가 하는 일이 무엇이냐고요? 저는 치료사들이 적합한 치료를 잘 진행하고 있는지 지도하고 조언하는 역할을 합니다. 그리고 치료를 하기 전에 부모와 아이를 만나보고 어떤 상태인지 파악해야 하겠지요? 이것을 진단면접이라고 하는데요, 제가 직접 부모와 아이를 만나서 진단면접을 실시합니다. 그 외의 행정 업무와 부모상담, 연구원을 방문하는 분과의 회담, 기관 설립 및 치료 프로그램 개발 등 관련 전문기관에 대한 자문도 역시 중요한 일 중 하나입니다.

발달, 인지, 정서, 사회성, 가족관계 문제 같은 어려움을 가진 내담자가 찾아오면 일단 아동과 부모를 대상으로 진단면접을 진행

해요. 부모와는 면담상담을 하고, 아동에게는 다양한 검사를 실시합니다. 검사에는 여러 종류가 있습니다. 언어검사, 심리검사, 발달검사, 학습검사, 자폐전문검사, 부모-자녀 상호작용평가, 애착평가 등 많은 검사를 상황에 맞게 실시하는 것이죠. 진단평가를 하면 아동이 가진 문제를 보다 객관적이고 구체적으로 이해할 수 있게 돼요. 검사가 끝나면 각 영역의 전문가들이 종합평가회의를 합니다. 전문가들의 의견을 모아서 어떤 방식으로 치료하고 교육할 것인지 계획을 세웁니다. 그런 다음 부모와의 면담을 통해 아동에게 가장 적합하고 효과적인 치료교육 프로그램과 실시 일정을 결정합니다.

아동을 치료하는 동안 부모상담도 함께 진행합니다. 치료는 6개월에서 대개 2, 3년까지 이어집니다. 꽤 오래 하죠? 계획대로 치료가 성공적으로 완료되어서 아동의 상태가 좋아진다고 해도 계속적인 조치가 필요해요. 아무리 치료가 성공적이었다고 해도 추후에도 점진적 발달이 진행되고 있는지 살펴야 하기 때문에 치료교육이 끝난 뒤에도 지속적인 추후지도를 실시하고 있습니다. 이 모든 일은 연구원의 석사 · 박사 학위를 가진 치료 전공자들 22명을 포함한 27명의 전문가 손을 거쳐 이루어집니다.

이 일을 하면서 가장 보람을 느끼는 때가 언제인 줄 아세요? 간단합니다. 바로 아이들이 정상 발달 궤도로 진행되는 때입니다. 우리가 어떤 처치를 내릴지 고민해서 결정한 것을 바탕으로 치료했는데 아이들이 달라진다고 생각해 보세요. 어떤 아이든 짧은 시간안에 변화하기는 어렵습니다. 장기적으로 모든 노력을 다해서 치료하는 과정이 필요합니다. 모든 변화가 한꺼번에 나타나는 것이 아니에요. 시간이 걸리고, 그 과정에서 여러 가지로 힘도 듭니다. 그럼에도 꾸준한 시간과 노력을 투자해서 변화하는 아이들의 모습을 보는 것은 정말 큰 기쁨이죠.

이렇게 좋은 일만 있는 것은 물론 아니겠죠? 힘든 점을 말해 보자면 부모 중 검사 과정이나 치료 진행에 대한 이해가 부족한 분들이 계시는데요, 심리검사나 진단평가를 왜 해야 하는지 이해를 못 하시는 분도 있고, 우리가 치료를 진행하는 과정에 문제가 있다고 생각하시는 분도 종종 있습니다. 이 경우 부모가 충분히 이해하고 치료에 참여하도록 하는 데 어려움이 있어요.

또 한 가지 어려운 점은 치료사가 중간에 그만두는 경우예요. 업무가 그리 힘들지는 않지만 임신이나 여러 개인 사정에 따라 그만두는 분들이 있어요. 치료를 받는 아이는 대부분 유치원에 다니는 연령인데요. 치료 시 짧게는 6개월에서 대개 2, 3년까지 장기적인 과정이 필요하죠. 치료하는 기간 동안 아이와 치료사가 친해지는 것이 치료에 도움이 되거든요. 그래서 되도록 치료사가 바뀌지 않는 것이 치료에 더 효과적이고요. 중간에 치료사가 바뀌면 어려움이 생길 수 있죠. 그때마다 좋은 치료사를 구해야 하는 고민도 있어요.

자, 이 일을 하고 싶다는 생각이 드나요? 하고 싶다는 생각이 든다면 지금부터 제가 하는 이야기를 잘 들으세요. 이 일을 하기 위해서는 어떤 능력이 필요한지 알려 드릴게요. 이 일을 하기 위해 가장 필요한 것은 인간에 대한 관심과 사랑이며, 필요한 기본 능력은 바로 아이와 부모와 진심으로 소통할 수 있는 능력이에요. 아이에게 관심을 가지고 사랑으로 대할 줄 알아야 합니다. 그리고 부모를 이해하고 수용해야 합니다. 치료를 하는 데는 대개 2년에서 3년 정도의 긴 시간과 장기적인 노력이 필요합니다. 그렇기 때문에 인내심을 가지고 아이에게 꾸준한 관심과 노력을 보여야 합니다.

물론 심리학 공부도 많이 해야겠지요. 발달심리를 중심으로 공부하는 것도 좋지만, 그 외의 다양한 심리학 공부도 함께 하는 것이 좋습니다. 구체적으로 임상심리학이나 상담심리학을 좀 더 깊이 있게 공부하면 이 분야에 종사하는 데 많은 도움이 될 거예요. 발달, 상담, 임상 이 세 가지 분야의 전문성을 갖추면 통합적인 시각을 기를 수 있을 것입니다.

발달정신병리developmental psychopathology 분야는 나날이 발전하고 있습니다. 그 역사는 오래되지 않았지만 그 때문에 앞으로 발전 가능성이 무궁무진하다고 볼 수 있지요. 심리학 내에서 인간의 전 생애에 걸쳐 건강한 발달을 위한 요인에 대한 관심이 점점 높아지고 있고, 발달심리학이 인지, 성격, 사회 등 심리학 전반의 다양한 주제를 포괄하면서 그 이론을 실제 현장에서 응용하려는 노력이 이루어지고 있습니다. 그런 만큼 이 분야의 발전 가능성이 매우 크기에 앞에서 제가 말씀 드린 대로 학문적 능력과 인간다움을 쌓아 나간다면 여러분은 이 분야를 이끌어 가는 인재가 될 수 있을 것입니다.

 진로 준비 과정에 대한 tip

저는 예전부터 아이의 발달 과정에 관심이 많았어요. 아이와 잘 소통할 수 있는 능력도 어느 정도 갖추고 있었다는 생각이 드네요. 대학원을 졸업할 때 학교 안에 처음으로 발달장애센터가 생겼어요. 그 당시에는 지금처럼 실습이나 인턴십을 통해 임상경험을 쌓을 수 있는 곳이 없었습니다. 그래서 대학원을 졸업하자마자 장애아동을 치료하게 되었죠. 심리학을 전공하면서 아이를 좋아하던 차에 관련 기관이 생기니 바로 그곳에서 치료를 진행하게 된 거예요. 그때가 거의 30여 년 전인데 심리치료를 공부한 사람도 없었고, 장애에 대해 깊이 있게 연구한 분도 드물었죠.

저는 센터에 있으면서 장애와 심리치료에 대해 혼자 공부하고 외국 학회와 워크숍에 자주 참석했습니다. 자비를 들여서 방문 심리학자로서 미국, 호주, 일본 등 외국의 관련 기관에서 실습을 하고, 여러 학술대회에도 많이 참가했습니다. 이러한 경험이 자폐장애 진단과 치료, 모래놀이치료, 테라플레이놀이치료의 분야에 대한 특별한 전문성을 높이는 데 큰 도움이 되었습니다.

심리학 전공자는 해당 분야에 대한 학문적 지식은 뛰어난데 대개 훈련이 많이 부족합니다. 장애아동의 치료를 위해서는 책으로 얻은 지식이 아니라 직접 부딪치면서 얻은 경험이 필수입니다. 따라서 반드시 인턴십을 하기를 추천합니다. 요즘에는 여러 기관에서 경험을 쌓을 수 있는 기회가 많습니다. 저희 기관에서도 예비 전문 치료사를 양성하고, 훈련을 시키고 있습니다. 심리학 공부를 하면서 실습과 인턴십, 자원봉사를 통해 풍부한 임상 경험을 쌓아야 합니다.

또 학술대회에 많이 참가하는 것이 좋습니다. 앞에서 말했듯 저 역시 국제적인 학술대회에 참가하면서 많은 도움을 받았습니다. 아동의 치료를 위해서는 최근 정보와 동향, 전문지식을 지속적으로 업그레이드하는 것이 중요합니다. 다양한 학술대회를 통해 정보를 얻고, 현장에서 바로 실제 치료에 들어갈 수 있도록 준비하는 과정이 필요한 것이죠.

Talk 후배에게 하고 싶은 이야기

앞에서 제가 말하고 강조한 것이 모두 심리학 분야를 꿈꾸는 후배에게 중요한 조언입니다. 심리학을 전공하면서 한 분야의 학문을 공부해 그 분야만의 전문성을 갖추는 것도 중요하지만, 저는 심리학 전공자가 다른 분야도 함께 공부해서 통합적이고 포괄적인 시각을 길렀으면 좋겠어요. 또 그 관심이 학문이나 연구에만 머무르는 것이 아니라 현장에서 경험을 쌓는 것으로까지 확대되기를 바랍니다. 특히 장애아동 치료와 같은 응용 분야에서는 개인의 인간적 성숙, 성찰을 이루는 것과 배운 지식을 현장에 효과적으로 활용하는지 여부가 중요한 능력입니다. 인턴십, 학술대회, 봉사활동 등을 통해 풍부한 경험을 쌓으세요.

또 한 가지 알려 드리고 싶은 것은 대인관계에 심리학적 사고와 배경이 큰 도움이 된다는 것이에요. 제가 하고 있는 발달병리, 장애아동 치료는 많은 사람과 만나는 분야입니다. 기본적으로 내담자인 아이와 놀이 및 상담, 부모와의 상담에서부터 치료를 진행하는 전문 인력인 치료사들과의 관계까지 사람 간 소통이 가장 중요합니다. 다른 사람을 이해하는 것이 심리학의 기본인 만큼 대인관계에서 전공이 상당한 강점이 됩니다. 상담과 치료를 진행하는 과정에서는 물론이고, 전문가가 치료를 잘 진행하도록 관리하고 격려하는 과정에서 역시 심리학 전공자로서의 장점을 잘 살릴 수 있습니다.

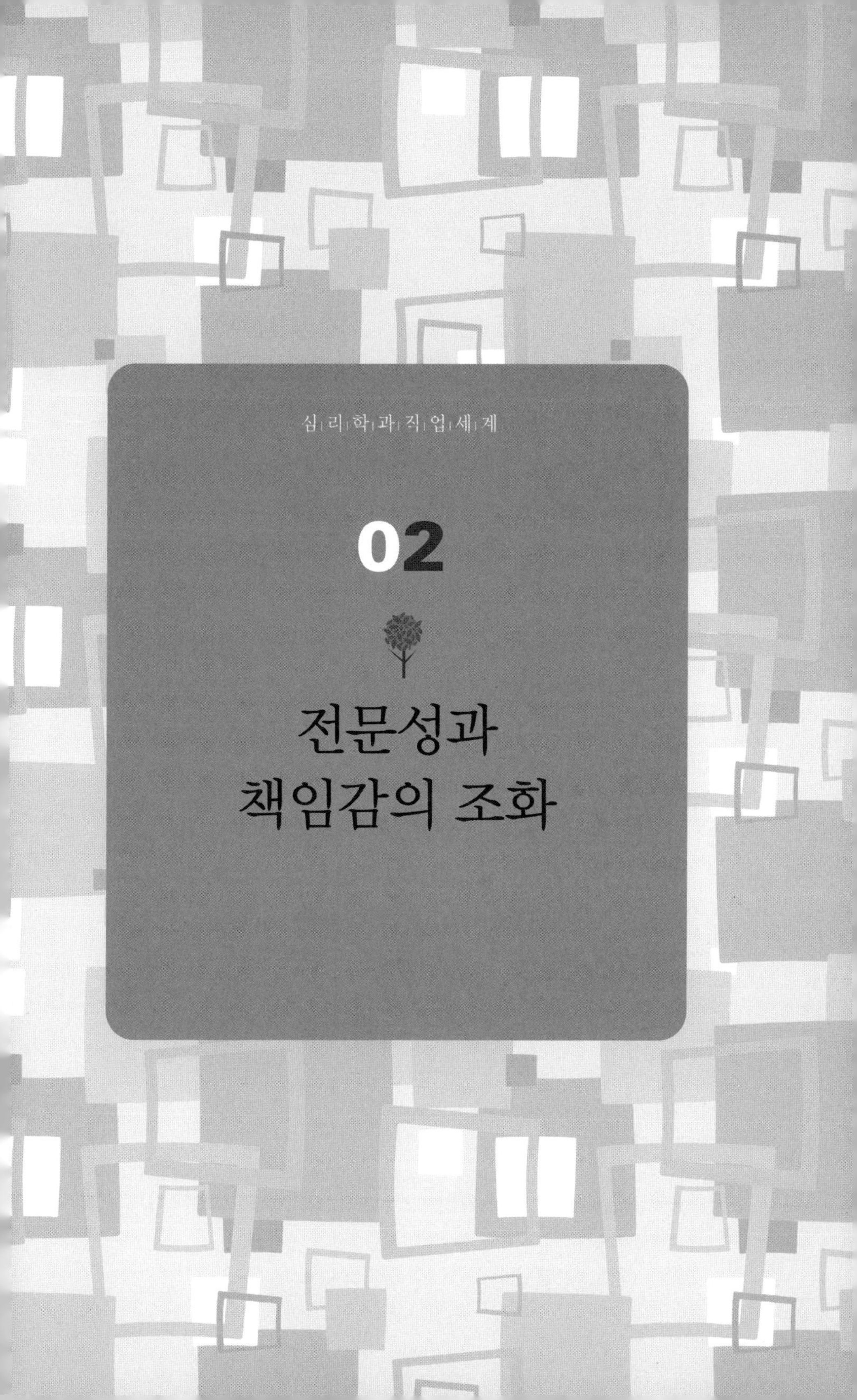

02

전문성과 책임감의 조화

 profile

이경희

호연심리상담센터 대표
숙명여자대학교 음악치료대학원 심리학 겸임교수
고려대학교 심리학 박사(임상심리학)
보건복지부 정신보건임상심리사 1급
한국심리학회 임상심리전문가 · 상담심리전문가(상담심리사 1급) · 건강심리전문가
khlee@hoyuncenter.com

●●

저는 호연심리상담센터에서 심리진단과 상담치료를 시행하는 개업 임상심리학자입니다. 심리상담센터에서는 일대일 면담과 진단, 상담치료 과정을 거치는 개인상담과, 개인상담과는 성격이 다소 다른 가족상담과 집단상담이 진행됩니다. 기업체와 연결하여 심리학 강연 프로그램을 시행하며, 상담을 필요로 하는 직원을 효율적으로 돕는 상담시스템을 구축해 놓고 있습니다. 또한 심리학을 공부하는 후배들을 위해 교육 분석과 사례연구에도 힘을 보태고 있습니다.

심리학에 대한 제 관심은 "살아 보니 관심이 가는 건 사람밖에 없더라."라는 프로이트의 한마디에서 시작되었습니다. 그렇게 막연하던 관심은 대학생 시절 심리학에 심취한 삼촌의 영향으로 심리학을 자주 접하게 되고 심리학 관련 서적을 찾아 읽으면서 부쩍 자라났습니다. 대학원에 들어가서는 성격심리학과 임상심리학, 이상심리학, 그리고 상담과 심리치료 등의 강의에 깊이 빠져들었습니다.

제가 임상심리라는 세부 전공을 택한 것은 인지심리학이나 생리심리학 등 기초학문적인 성향이 강한 학문보다는 사람과 직접 만나는 학문에 더 흥미를 느꼈기 때문입니다. 임상심리학 수업 중 "사물과 상황은 과학적으로Scientific 보되, 사람은 예술적으로Artistic 대하라."라는 구절을 보고는 이 문장 자체가 임상심리학을 대하는 태도에 대한 저의 좌우명이 되기도 했습니다.

제가 공부하던 당시에 임상심리학은 '진단'을 내리는 업무에 초점이 맞추어져 있었습니다. 하지만 저는 내담자를 진단하는 일에서 한 걸음 더 나아가 내담자를 치료하는 일에 직접 개입하고 싶었고 또 그럴 필요성을 느꼈습니다. 그래서 저는 임상심리학으로 박사 과정을 밟던 중 임상심리전문가 자격을 취득했고, 그에 더해 상담심리전문가와 건강심리전문가 자격을 함께 취득했습니다. 그리고 학생생활연구소에서 여러 사례를 만나고 상담 경력을 쌓는 과정에서 자연스럽게 지금의 일을 시작하게 되었습니다.

당시만 해도 상담치료는 미개척 분야여서 이런저런 난관이 많았지만, 심리학이 사회에서 도움이 될 수 있는 영역으로 꼭 필요한 일이라 여겨, 상담치료에 뜻을 둔 사람들이 모여 지금의 호연심리상담센터를 열게 되었습니다.

저는 강의나 강연이 있는 날이 아니면 상담센터에서 내담자를 진단하고 상담치료를 진행하면서 하루를 보냅니다. 상담센터는 보통 오전 10시에 문을 열고 오후 8시에 문을 닫습니다. 개인상담은 한 회기에 50분~1시간을 책정하지만, 가족상담은 1시간 반 정도로 소요되는 시간이 조금 더 깁니다.

다른 직종에 견주어 볼 때 상담은 꽤 힘든 업무에 속합니다. 상담 시간이 50분으로 정해져 있지만, 칼로 무 자르듯 상담을 정시에 끝내기란 생각처럼 쉽지 않습니다. 상담은 사람을 대상으로 감정을 다루는 것이기 때문에 상담 시간이 지연되기 쉽고, 다음 내담자와의 상담이 곧바로 이어지다 보니 상담자가 쉴 틈이 없기도 합니다. 일반 회사라면 기획, 관리 같은 간접 작업도 존재하고 다른 동료들과의 분업도 가능하겠지만, 상담치료는 임상심리학자가 매 순간 투입되지 않으면 안 되기 때문에 어떤 의미에서는 긴장도가 높고 일의 강도가 무척 센 편입니다. 그러다 보니 체력의 한계를 느낄 때가 많죠. 상담은 말로 이루어지는 과정이라 상대적으로 힘이 덜 들 것으로 생각하기 쉽지만, 그 어떤 직종보다도 체력 소모가 많고 그런 이유로 체력 분배의 중요성이 그 무엇보다 강조되는 분야이기도 합니다. 하지만 상담치료를 통해서 내담자가 자신감을 회복하며 일상생활 속에서 변화된 모습을 찾아갈 때에는 그 과정을 내담자와 함께 한 상담치료자로서 정말 큰 보람을 느끼게 됩니다.

진로 준비 과정에 대한 tip

제가 생각하기에 상담자가 가장 먼저 갖춰야 할 자질은 바로 전문성입니다. 상담자를 찾은 내담자의 진지한 요구에 부응할 수 있으려면 사회적으로도 전문성을 인정받을 수 있는 전문가 과정을 충실히 밟아 나가야 합니다. 이를 위해 요구되는 자격요건과 훈련 과정을 이수하고 임상심리전문가나 상담심리전문가 자격을 취득해야 하지요. 이 과정을 통해 다양한 사례를 공부해 나가며 심리학적인 전문성을 기르게 됩니다.

상담 현장에서는 내담자의 문제가 약물치료가 병행되어야 하는 병리적인 문제인지, 아니면 상담개입으로 풀어가야 하는 문제인지를 명확하게 구별하고, 내담자가 가진 문제의 본질을 있는 그대로 볼 수 있는 전문적인 지식이 필요합니다. 사람들은 상담을 단순히 대화나 설득의 과정으로 착각하기도 하나 전문적인 지식이 결여된 대화나 설득은 내담자의 문제를 완전히 엉뚱한 방향으로 끌고 가게 마련입니다.

특히 내담자를 치료하는 데 '진단'은 더없이 중요한 절차이기 때문에 내담자가 가진 정신병리의 특성도 진단할 수 있어야 하고 상담치료 계획을 세우기 위한 심리진단도 제대로 수행할 수 있어야 합니다. 그러기 위해서는 진단, 상담 및 심리치료에 대해 깊이 있게 공부해야 하고 이를 자격 취득 과정에서 구체적으로 배우고 경험해야 합니다. 간혹 망상이라든지 편집적 상태로 마음의 병이 깊어진 분들이 예약도 없이 갑작스럽게 상담센터를 찾아올 때가 있는데요, 이분들은 약물치료가 필요하기도 하고 병원과 연계해 체계적으로 치료해야 하는 경우도 있습니다. 이때 상담자가 정신병리진단에 대한 지식이 없이 상담을 강행하면, 내담자의 상태가 훨씬 더 악화될 소지가 있습니다. 물론 내담자들은 심리적인 불안정감을 극복하고자 하는 다양한 내적 동기를 가지고 오시는 분들이기 때문에 이에 대한 깊은 심리학적인 지식을 쌓아야 하는 것은 말할 것도 없습니다.

상담자가 갖춰야 할 두 번째 자질은 솔직함과 사람에 대한 애정입니다. 상담이 사람을 대하는 일이니 만큼 상담자는 타인과 함께 있는 것을 좋아하고, 애정과 진솔함을 담아 타인과 교감할 수 있어야 합니다. 나와 다른 남을 이해하려면 다양한 경험 세계와 타인의 상황에 공감할 수 있는 성찰의 힘을 갖추는 것이 무척 중요합니다. 가령 내담자가 죽음이나 불안, 강박에 대해 얘기하고 있는데, 상담자가 이런 문제에 관심이 없어 그 순간 내담자의 생각과 감정을 공유할 수 없다면, 그가 아무리 임상심리 지식을 많이 갖춘 상담자라 해도 금세 치료의 한계를 드러내게 될 것입니다. 유능한 상담자가 되려면 지식보다 훨씬 더 깊고 광범위한 성찰과 체험을 위해 노력해야 합니다. 제가 다시 대학생으로 돌아갈 수만 있다면 저는 여러 분야의 책을 섭렵하고, 여행을 다니며 다양한 사람들과 직접 부딪쳐 가며 '경험적으로' 심리학과 만나겠어요. 그리고 영화를 보든 책을 읽든 그 속에 깃든 개인의 심리를 다양한 각도에서 심층적으로 이해해 보려는 노력도 할 것입니다.

마지막으로는 많은 상담자가 간과하는 자질이기도 한데요. 상담자는 자기 직업에 대해 일종의 '직업으로서의 경영적 마인드'를 가지고 있어야 합니다. 심리학이 사회에서 적극적으로 활용되기 위해서는 사회와 만날 수 있는 통로가 있어야 합니다. 이론의 장이 아닌, 생활 현장에서 심리학의 지식과 정보들이 활용될 수 있기 위해서는 직업으로서의 사회적인 역할이 필요합니다. 상담자의 직업이 분명한 전문적인 역할을 할 수 있도록 사회적으로도 직업적인 책임감을 가지고 상담에 임해야 한다는 것입니다.

Talk 후배에게 하고 싶은 이야기

심리학과 철학, 정신의학의 경계를 어떻게 구별할 수 있을까 혼란스러워하는 학생이 더러 있는데요, 심리학을 공부하기 위해서는 인접 분야의 속성을 충분히 이해함으로써 다른 분야와 달리 심리학이 가진 고유의 전문성과 강점을 파악하는 것이 중요합니다. 정신의학과 상담 및 치료적 접근이 어떻게 다른지, 심리학과 철학이 방법론에서 어떻게 다른지에 대해 깊이 알 필요가 있습니다. 정신과에서 약물치료가 시행될 경우 현실적으로 환자의 문제를 오랜 시간 경청해 주기가 어렵습니다. 하지만 내담자에게는 증상의 치료만이 아니라 자신의 심리적인 역동성을 전문적인 관점에서 함께 바라봐줄 사람이 필요합니다. 일정한 시간을 할애해 내담자의 문제를 함께 탐색하고, 심리학적으로 전문적인 안목에서 바라봐주는 것은 임상심리학자가 아니면 하기 어려운 일입니다.

심리학이 담당할 수 있는 전문 영역은 점차 더 다양해지는 추세입니다. 그중에서도 임상심리학자의 역할은 다양성 속에서 좀 더 구체화되고 전문화되어 가고 있습니다. 우리 사회에서도 자기 내면의 문제를 진지하게 들여다보고 싶어 하는 사람의 수가 갈수록 늘고 있는 추세죠. 그 때문에 임상심리학 분야는 앞으로 더 활성화될 뿐만 아니라 젊은이들에게 촉망받는 직종으로 떠오를 것입니다.

심리학을 공부하거나 또 임상심리학을 공부하고자 하며 자신의 진로를 고민하고 있다면, 직접 부딪치고 깨져 가면서 자기가 정말로 원하는 것을 온몸으로 발견해 나가야 합니다. 심리학을 공부하며 자신이 정말 좋아하는 것이 무엇인지 깊이 파고들어 보세요. 그러기 위해서는 미래의 전망만을 꿈꿀 것이 아니라, '지금 여기'에 초점을 맞출 수 있어야 합니다. 매순간 스스로 자신을 인정할 수 있도록 노력하는 것, 지금 현재 내 앞에 주어진 시간을 소중하게 관리하는 지혜를 키워 가는 것이 무엇보다 중요한 시작입니다.

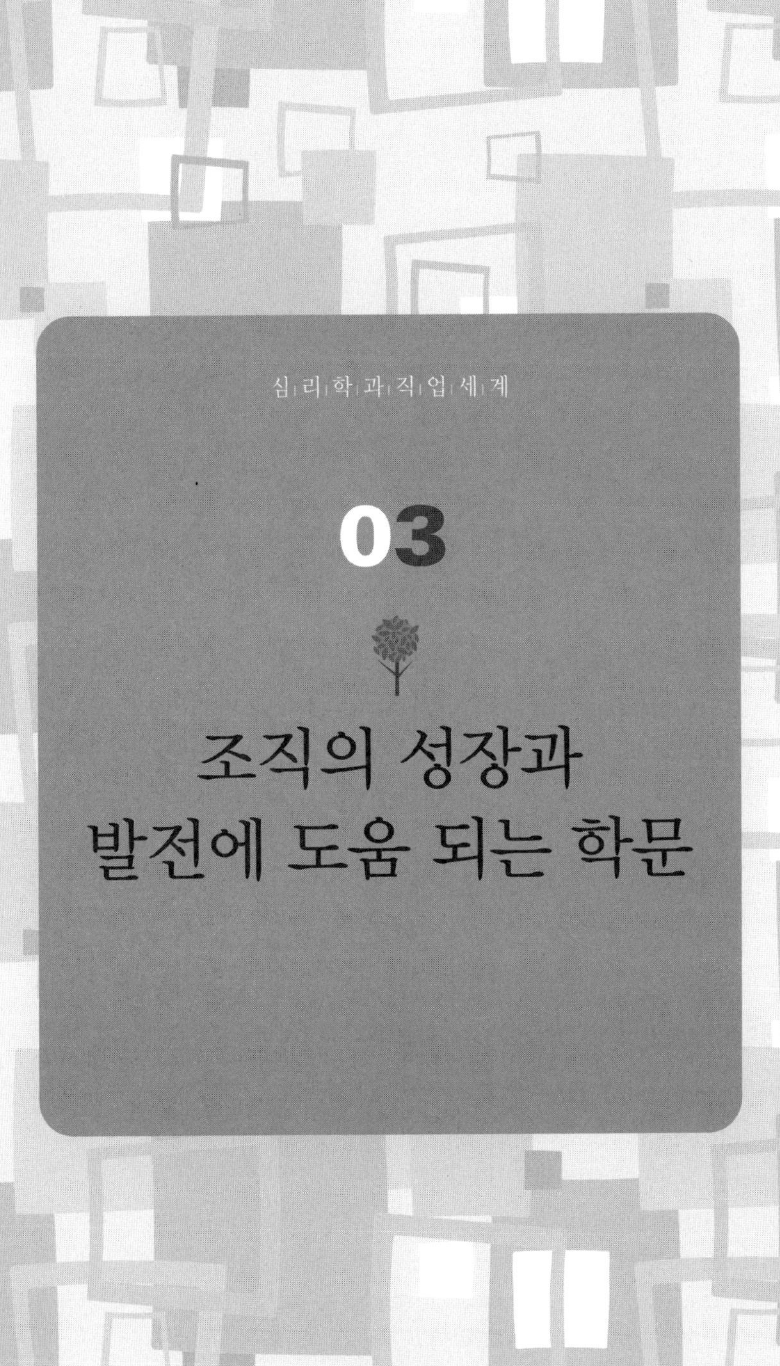

03

조직의 성장과 발전에 도움 되는 학문

이영석

(주)ORP연구소 대표
성균관대학교 심리학과 겸임교수
한국에이아이협회부회장(AI Practitioner)
한국퍼실리테이터협회부회장(ToP Practitioner)
미국 HAS 한국 파트너(Hogan Assessment Systems)
성균관대학교 심리학 박사(산업 및 조직 심리학)
orplee@orp.biz

●●

제가 몸담고 있는 ORP 연구소는 자신만의 능력을 가진 많은 사람이 대화하고, 함께 일을 해 나가면서 성과를 올리는 곳이죠. 우리 연구소는 그 과정에서 조직이 문제 없이 돌아가도록 돕고, 더 성장할 수 있도록 힘을 주는 방법을 연구하는 곳이에요. ORP는 Organization조직, Relation관계, People인간의 약자입니다. 우리 연구소는 산업조직심리학을 바탕으로 인간의 능력을 키우고, 인간관계에 신뢰를 높이고, 조직의 성과를 증진시키는 것을 목표로 삼고 있죠.

현재 연구소가 하는 일은 크게 두 분야로 나뉩니다. 하나는 산업심리 분야이고 다른 하나는 조직심리 분야입니다. 산업심리 분야에서 우리 연구소는 선발사업, 검사사업, 평가사업, 교육과정개발 및 교육체계개발 등을 다루는 HRD사업을 합니다. 또 조직심리 분야에서는 조직문화 변화를 위한 조직개발사업을 하고 있죠. 이외에도 교육사업과 출판사업도 하고 있어요. 그런데 선발이나 검사 등의 사업에서 구체적으로 뭘 하는지 모르겠다고요? 하나씩 찬찬히 살펴보도록 하죠.

선발Selection사업은 기업에서 필요로 하는 인재를 뽑기선발하기 위해 필요한 것을 연구하고 개발하는 사업이에요. 예를 들면, 각 기업마다, 혹은 기업 안에서도 부서마다 필요로 하는 인재의 능력이 모두 다르잖아요. 그래서 어느 부서에 어떤 능력이 필요한지를 밝혀내는 역량모델링이 필요하죠. 또 인재를 어떤 과정을 거쳐서 뽑을지 계획하고, 어떤 방식으로 뽑을 것인가에 대해 결정하는 것도 중요해요. 그렇다면 선발을 하는 사람, 즉 면접관을 교육하는 것도 중요하겠죠? 그래서 연구소에서는 면접관이나 입학사정관들을 양성하기 위한 교육도 실시하고 있죠. 이렇게 선발사업은 역량모델링, 선발 시스템 개발, 면접관 교육 등 인재를 뽑는 데 필요한 모든 일을 하는 것이에요.

검사Test사업은 우리의 고객인 기업과 정부의 특성에 맞는 인성검사와 적성검사를 개발하고, 검사 결과를 분석하여 어떤 지원자를 뽑아야 하는지 알려 주는 사업이죠.

평가Evaluation사업은 최근 기업과 정부를 중심으로 확산되고 있는 조직 구성원 역량평가도구의 개발과 평가자 육성, 평가 대행 등의 서비스를 제공하는 사업이에요. 이런 사업과 연계해서 교육을 실시하기도 하는데, 이렇게 역량개발을 중심으로 하는 새로운 방식의 교육을 DCBLDevelopment Center Based Learning이라고 해요. 우리 연구소에서는 고객사가 중요시하는 역량에 따라 맞춤화된 DCBL을 개발해 보급하고 있어요. 최근에 실시한 DCBL에는 '공무원교육원의 고위공무원 승진후보자 역량개발 과정' '과장 핵심역량개발 과정' '신임사무관 역량개발 과정' '정부 참사관 역량개발 과정' '정부 핵심리더 역량개발 과정' 등이 있어요. 또 기업에서도 △△자동차, ○○전선, ○○전자, □□공조 등의 임원 · 팀장 · 독자 직위에 대한 역량개발 과정을 개발했는데 매우 성공적이라는 평가를 받고 있어요. 우리 연구소에서는 이러한 개별적인 교육과정 개발뿐만 아니라 역량모델링이나 역량기반 교육체계 수립 등의 교육 프로젝트도 하고 있어요.

조직개발사업은 우리 연구소가 설립 초기부터 실시해 온 사업 분야예요. 이 사업은 기업의 조직문화와 조직역량 진단, 비전과 전략 수립, 핵심가치 설정, 조직활성화 프로그램 개발 등의 서비스를 제공하는 사업이에요. 이러한 조직변화를 구체적으로 실행해 나갈 수 있는 도구로서 우리 연구소에서는 퍼실리테이션facilitation 기법을 개발하고 있어요. 퍼실리테이션은 기업이나 정부기관, 학교, 그리고 사회의 토의문화를 활성화하고 정착시키기 위한 것이지요. 우리 연구소에서는 퍼실리테이션 기법인 ToPTechnology of Participation 퍼실리테이션 도구와 프로그램을 한국 문화에 맞도록 개발, 전파하는 일도 전개하고 있어요. 또한 퍼실리테이션을 확산하고 대학에 올바른 토의문화를 정착시키기 위해 대학생들에게 퍼실리테이션 교육을 실시할 뿐 아니라 퍼실리테이션 동아리 설립도 지원하고 있고요.

최근 들어서는 긍정조직변화의 도구인 AIAppreciative Inquiry 프로그램을 한국에 맞게 개발하고 있어요. 또한 미국의 긍정변화센터CPC와 컨설팅 파트너 관계를 맺고 AI를 통한 조직변화를 위한 교육과 컨설팅사업을 하고 있지요.

이런 컨설팅사업 외에도 우리 연구소는 오랜 컨설팅 경험으로 축적된 지식과 노하우를 교육과정으로 만들어 일반 기업이나 정부 조직을 대상으로 공개 교육을 하고 있어요. 우리 연구소에서 하는 교육과정에는 선발 전문가 과정, 면접 전문가 과정, 면접설계 전문가 과정, 심층면접 과정, 퍼실리테이터 육성 과정, AI 프랙티셔너

육성 과정 등이 있죠. 우리 연구소는 산업조직심리학을 바탕으로 얻은 지식과 기술을 모아서 명실공히 I/OIndustrial and Organizational Psychology 기반의 교육과정을 운영하고 있어요.

앞에서 출판사업에 대한 언급도 했는데요. 『퍼실리테이션 쉽게 하기』라는 책을 출판하기도 했고, 긍정조직변화와 관련해서는 『A 리더십Appreciative Leadership』『행복한 가족을 위한 대화Appreciative Family Dynamics』라는 책을 번역하여 출판하였습니다. 다른 긍정변화와 관련된 책들도 전문적으로 출판할 계획이에요. 이외에도 산업조직심리학에 기반한 지식과 기술을 공유하기 위한 책을 출판할 계획도 가지고 있답니다. 학술발표회에서 발표하거나 논문을 게재하는 연구원에게는 인센티브도 지급하여 현장의 컨설팅의 결과를 이론화하고 연구하는 일도 우리 연구소의 역할입니다.

그럼 이제 우리 연구소의 업무가 어떻게 진행되는지 절차를 구체적으로 살펴볼게요. 앞에서 말한 컨설팅사업에서는 고객이 필요로 하는 것을 파악하여 그에 맞는 제안서를 작성하고, 고객이 제안을 마음에 들어하면 일을 시작하게 됩니다. 일이 시작되면 인터뷰를 하고, 프로그램을 설계하고 개발해 실제 현장에 적용해 보고, 적용해 본 후에 효과가 있었는지 검증을 합니다.

검사 판매사업은 기업이나 공공기관으로부터 인성 · 적성 검사를 사용하고 싶다는 문의가 들어오면 해당 조직과 상담해서 해당 조직에 맞는 검사를 개발합니다. 또 교육과정 운영사업은 교육과정을 개발하고 교육생을 모집한 후 강의를 실시하는 절차를 거칩니다.

그렇다면 지금 우리가 하는 이 일을 하기 위해서는 어떤 능력이 필요하고, 어떤 생각을 가지고 있어야 할까요? 제가 알기 쉽게 정리를 해 봤습니다.

- 산업조직심리학 영역 및 통계방법론에 대한 지식
- 자기 자신과 자신이 하는 일에 대해 성찰하고 현재 상태보다 더 성장하려는 마음
- 새로운 것을 탐구하고 과감히 시도하는 행동
- 일에 대한 열정자기 자신과 일에 대한 가치를 만들어 내며 일에 대해 최고의 전문가가 되어야겠다는 의식
- 신뢰를 받을 수 있도록 행동하고자 하는 책임감
- 사람에 대한 사랑과 애정

어때요? 무엇이 필요한지 한눈에 알 수 있겠죠? 그렇지만 이런 능력을 모두 갖추었다고 해서 일이 쉬워지는 것은 아니에요. 사실 업무 강도는 높은 편입니다. 고객이 원하는 시간에 원하는 내용을 개발해서 제공해야 하기 때문에 시간관리가 철저해야 하죠. 밤을 새우는 경우도 많기 때문에 출퇴근 시간이 정해져 있지 않습니다. 하지만 같은 영역에서 일하기 때문에 직원들끼리 서로를 잘 이해해 주어 편안한 분위기에서 일하고 있답니다.

보람을 느낄 때는 언제냐고요? 한마디로 말하면 고객사들이 홀로서기를 할 때지요. 고객이 원하는 것을 상담해 주고, 만들어 주

는 것만이 아니라 고객과 함께 고민해 고객이 스스로 그들 자신의 문제를 해결할 수 있는 역량을 갖추게 될 때 가장 큰 보람을 느낍니다. 반면에 일이 많아서 고객의 요구를 세심하게 들어줄 수 없을 때는 많이 속상합니다.

이 분야에서 심리학은 반드시 필요한 학문입니다. 지금까지 설명한 선발 · 평가와 관련한 이론, 통계방법론, 실험설계법, 조직개발, 조직문화, 리더십, 조직변화와 혁신 등 거의 모든 측면에서 심리학적 지식이 도움이 됩니다. 실제로 학교에서 배운 산업조직심리학의 전 분야가 현장 업무와 연관되어 있어요. 기업과 정부의 인사, 교육, 노무, 조직개발 등의 업무를 수행하는 데도 산업조직심리학 이론이 바탕이 됩니다.

진로 준비 과정에 대한 tip

저는 학교에서 산업조직심리학을 배웠고, 이 학문이 조직의 성장과 발전에 도움이 된다는 것을 알았어요. 제가 우리 연구소를 설립한 이유는 학교에서 배운 산업조직심리학을 더욱 효과적으로 활용할 수 있지 않을까 하는 생각에서였습니다. 또 산업조직심리학이 인재를 선발하고, 평가하는 데 유용하고, 교육 분야에도 활용할 수 있는 지식과 기술의 원천임을 널리 알리고 싶었고요. 산업조직심리학의 저력을 알리고, 이 유용한 학문을 최대한 활용할 수 있는 연구소를 만들어 보자는 취지에서 시작한 것입니다.

 후배에게 하고 싶은 이야기

지금까지 제가 설명한 내용은 조금 공부한다고 해서 얻을 수 있는 것들이 아니라는 사실을 잘 아시겠죠? 산업조직심리학에 대한 지식과 함께 현장 경험이 풍부해야 합니다. 지금부터 직장을 구할 때까지 여러분이 해야 할 일들을 적어 볼게요.

- 분명한 비전을 가질 것 장기적인 목표와 단기적인 실행 목표를 가질 것
- 자신의 브랜드를 만들 것 특정 분야의 전문가가 되도록 노력할 것
- 지속적인 학습을 할 것 지속적인 자기계발 · 학습 기회를 가질 것
- 주변을 도와주고 덕을 베풀면서 자신의 전문성을 키워 나갈 것

여러분은 할 수 있습니다! 반드시 숙지하고 실행해 나가세요.

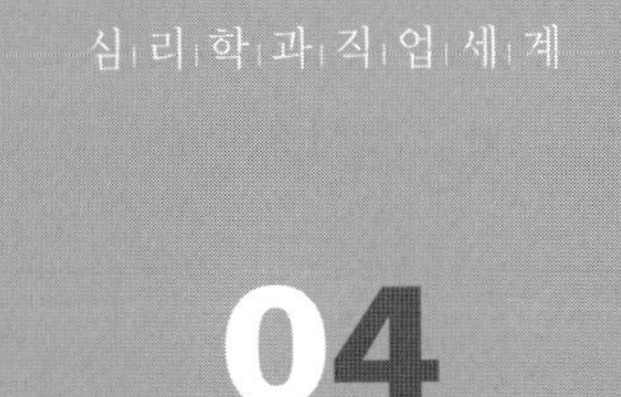

희소가치가 높은 프로파일러

profile

이수정

경기대학교 대학원 범죄심리학과 교수
경기대학교 양성평등문화원장
미국 Sam Houston State University 형사정책학부 교환교수
법원 전문심리위원
대법원 양형위원회 위원
여성가족부 권익기획과 정책위원
연세대학교 심리학 박사
미국 University of Iowa 석사 · 박사 과정 수료(심리측정학)
suejung@hanmail.net

●●

제가 현재 강의 이외에 가장 중점적으로 하고 있는 업무는 형사 사법기관의 정책 자문을 해 주는 일과 법원 혹은 검찰에서 요청하는 감정 업무, 그리고 정부기관의 정책 연구 과세를 수행하는 일입니다. 최근 우리나라의 사법제도 내에서도 심리학에 대한 수요가 폭발적으로 증가하고 있어서 민간 전문가로서의 자문 및 감정뿐 아니라 여러 가지 사법처분의 결정전조사에서 사용되는 재범 위험성 평가절차의 개발 및 감정 업무 집행 등 실무적인 업무를 처리하고 있습니다.

사법기관 종사자들과 만나는 중에 가장 안타깝게 느끼는 점은 업무 수행과 관련하여 학계와의 협력이 필요한 부분이 틀림없이 존재함에도 양측 모두의 이해 부족으로 업무 절차가 좀처럼 변화되지 않는다는 사실입니다. 일례로 보호관찰심사위원회에서 소년범들의 가퇴원이나 보호관찰처분의 명령, 그리고 성인 강력범죄자들에 대한 전자발찌 탈착 등을 심사할 때, 다량의 심리학적 지식이 필요함에도 불구하고 의사결정의 근거가 되는 기준에는 과거 범죄력 이외에는 별다른 정보가 없다는 사실을 발견하곤 합니다. 이럴 때마다 실증과학을 훈련받은 사람으로서 표준화된 심리평가 도구의 사용이 매우 필요하다는 점을 지적하곤 하지만, 여러 가지 현실적인 어려움을 내세우면서 좀처럼 현장 업무를 바꾸려하지 않는 실무자들의 태도를 접하게 됩니다. 처음 형사사법기관에 자문을 할 당시에는 이 같은 이해 부족을 발견할 때마다 답답함을 느꼈지만, 10년 이상 관련 업무를 지원하다 보니 이제는 그것도 익숙해지게 되어 전문가로서의 한계가 어디까지인지 쉽게 깨닫고 더 이상은 코멘트를 하지 않게 됩니다.

이 같은 현실을 바꾸기 위한 가장 좋은 방법은 아마도 인간에 대한 기본적 이해와 평가절차의 중요성을 이해하는 사람을 현장에 보다 많이 투입하는 것일 터인데, 그러기 위해서는 심리학을 포함하여 범죄학 등 실증과학을 공부한 사람들이 시야를 넓혀 형사사법 현장으로 진출하는 것이 필요하겠습니다. 물론 관련 정부기관의 의사결정자들이 실증과학 분야의 필요성을 좀 더 많이 인식하여 다양한 진입경로를 열어 주도록 힘을 모으는 것도 중요하겠지만, 심리학도들도 시야를 넓혀 한국 사회를 위하여 어떤 이바지를 할 것인지 보다 구체적으로 대안을 찾는 것도 필요합니다. 예를 들면, 심리학과 교과 과정 내에 공공정책과 관련된 교과목을 개설한다든가, 법학이나 행정학 등을 복수전공하도록 하는 일이 이에 해당될 것인데, 학생들이 미리부터 심리학의 활용 면에 대해 이해하게 된다면 정신보건 영역 이외에도 공공정책 분야에서 심리학도들은 꼭 필요한 인력이 될 수 있을 것입니다.

제가 이 일을 시작하게 된 계기는 다음과 같습니다. 제가 대학원 과정을 이수할 당시 법정심리학 분야는 존재가 미미하였습니다. 아마도 형사정책 분야에서 일하게 된 가장 큰 계기는 경기대학교에 부임하여 교정 분야의 과제를 수행하면서부터였던 것 같습니다. 당시만 하더라도 심리학이 형사정책 분야에서 얼마나 널리 사용되는지를 파악하지 못한 채 수용자 분류심사를 위하여 교정심리검사(현재도 사용)를 개발하였습니다. 이후 교정행정자문위원회, 보호관찰심사위원회 등을 거치면서 사법 현장의 실무와 심리학이 어떻게 관련되는지를 체감할 수 있었으며, 그 같은 업무를 계기로 교환교수 기간 동안 미국 대학교의 형사정책학부에서 근무하면서 관련 실무에 보다 구체적으로 참관할 기회를 가지게 되었습니다. 외국의 사례를 접한 결과, 국내 형사정책 분야에도 심리학적 전문성이 많이 필요하다는 점에 확신을 갖게 되었고, 귀국 후 2003년부터 집중적으로 이 분야에서 일하게 되었습니다. 귀국 후에는 현재 경찰청의 소년 다이버전Diversion 제도에서 사용하고 있는 비행촉발요인조사서, 성범죄자에 대한 전자감독 청구전조사에서 사용하는 KSORAS 등을 개발하였습니다.

제 개인적 비전은 말씀드리고 싶네요. 최근 아동 대상 성범죄 사건의 증가로 인하여 여러 가지 법률이 신설되었으며 그에 따라 구금뿐 아니라 교육 프로그램 이수, 약물치료까지 다양한 방법이 모색되기에 이르렀습니다. 현재 저의 연구실에서 소아성애자들의 아동 관련 자극에 대한 반응경향성을 평가하는 측정도구를 개발하였는데, 이 검사로는 자기보고식 성인지 검사로는 측정이 불가능한 왜곡 불가능한 잠재적 반응경향성을 평가할 수 있습니다. 이 검사를 형사사법 실무 현장에서 활용할 수 있도록 배포하는 것을 개인적인 단기 목표로 삼고 있습니다. 장기적인 목표는 현재 수행하고 있는 법정 감정 업무에 대한 전문성을 조금 더 확보하는 일인데, 각각의 범죄유형별로 특화된 평가도구를 습득할 수 있는 기회를 가지려 합니다.

또한 제가 일하고 있는 범죄학이나 형사정책 분야는 대부분이 거시적인 정책을 연구 대상으로 삼고 있습니다. 하지만 저 자신이 심리학도이다보니 매우 미시적인 연구방법론에 익숙하도록 교육을 받았고 그와 같은 개인적 특성이 막상 현장에서는 유용하게 활용될 수 있음을 경험하고 있습니다. 하지만 형사정책적 지식은 심리학 분야에서 제공되는 것이 아니기에 이 분야에서 실무를 집행하기 위해서는 추가적으로 관련 법률과 우리나라의 형사사법 시스템에 대한 지식의 습득이 필요합니다.

제가 연구자로서 형사 실무에 개입이 될 때마다 드는 생각은 심리학이라는 학문과 현실은 매우 거리가 멀다는 사실입니다. 이를 극복할 수 있는 유일한 대안은 다양한 문제에 대하여 일찍부터 깊이 생각하고 사회의 다양한 시스템을 몸소 경험해 보는 일이라 생각합니다. 꼭 학문적으로가 아니더라도 다양한 곳에서 봉사를 하여 경험의 한계를 넓힌다거나 시민사회단체 등에서 인턴으로 일을 해 보는 것도 심리학적 지식의 현실적인 활용 경로를 터득하기 위해 필요한 일이라고 봅니다. 현실적으로 해결하지 못하는 문제가 무엇인지 구체적으로 파악을 하면 할수록 전문지식을 어떻게 활용할 것인지 해법을 찾기도 쉬울 것입니다.

05

심리학을 전공하려는 학생들에게

profile

노규형

(주)리서치 앤 리서치(R&R)* 대표
한국조사협회 회장 역임
미국 뉴욕 Stony Brook University 심리학 박사(정치심리학)
서울대학교 심리학 학사
kyuno@randr.co.kr

●●

제가 심리학을 전공하기로 하고 대학을 들어간 것은 1973년이니 지금으로부터 38년 전입니다. 당시에 제가 심리학에 대해 들은 정보란 프로이트의 정신분석학이나 범죄심리학과 관련된 단편적인 지식뿐이었습니다. 대학에 들어가서야 심리학이 인간행동을 이해하는 학문이라고 배웠습니다. 우리가 대학에서 배웠던 심리학은 철학과는 상당히 달랐습니다. 통계학, 실험설계법, 측정이론, 생리학 등 자연과학적 방법론을 배우고, 임상심리학이나 상담심리학을 위해 정신병동에 실습을 나가기도 했습니다. 대학에서 심리학을 전공하면서 나 자신에 대한 이해를 더 많이 할 수 있는 기회를 가질 수 있었고, 타인의 행동과 심리를 이해할 수 있는 틀을 배울 수 있었습니다. 대학에서 심리학을 전공하면서 사이코드라마라는 치료 목적의 연극을 해 보기도 하였고, T-그룹이라는 집단상담을 통한 개인의 성찰을 도모하는 활동을 해 보기도 하였습니다. 한마디로 심리학을 전공한 대학생활은 매우 흥미롭고 지적으로 많은 자극을 받을 수 있었던 시절이었습니다. 당시에 선배들이 앞으로 20년 후면 사회가 심리학에 더 많은 관심을 갖게 될 것이라며 격려

---

* (주)리서치 앤 리서치(R&R)는 1989년에 설립된 전문 마케팅 및 여론조사 기관이다. 한국심리학회와 R&R는 공동으로 2010년 한국 성인의 행복지수조사, 2011년 한국 노인의 행복지수에 대한 조사를 수행하였다. 한국인의 행복관련 조사결과는 중앙일보(2010 년 8월)와 동아일보(2011년 8월) 등에 게재되어, 한국 사회의 행복 문제에 대한 체계적인 연구를 본격화한 것으로 평가 받고 있다.

해 주곤 했습니다.

미국으로 유학을 가서 대학원에 진학하며 제가 선택한 분야는 심리학 중에서도 정치현상을 심리학적으로 이해하려는 정치심리학Political Psychology이었습니다. 1980년 당시에 미국에서도 처음으로 시도되는 학제적 성격의 전공 분야였는데, 정치 현상에 관심 있었던 제가 찾던 분야였습니다. 5년 동안의 박사 과정 동안 저는 사회조사방법론과 정치심리 분야를 더 깊이 있게 연구하였습니다. 저의 박사학위논문의 주제는 개인의 투표 의사 결정에 미치는 심리적 요인에 대한 것이었습니다.

귀국하여 여론조사회사인 (주)리서치 앤 리서치R&R를 설립한 것이 1989년이었으니, 저는 지금까지 20년 넘게 저의 관심 분야인 조사방법론과 정치심리학이 바탕이 된 여론조사를 계속하고 있는 셈입니다.

제가 심리학을 하고자 하는 후학들에게 심리학을 권하는 이유는 크게 세 가지가 있습니다.

첫째, 심리학은 재미있습니다. 심리학은 자신에 대한 탐구에서 시작한다고 하여 me-research 학문이라고도 합니다. 그만큼 자신에 대한 관심이 큰 사람들에게 적합합니다. 특히 사춘기에는 '나는 누구인가.' 와 같은 질문을 계속해서 할 정도로 자아에 대한 관심이 큰데, 심리학을 전공하는 이들은 이런 문제에 몰입할 수 있는 시간을 갖게 됩니다. 자기 자신에 대한 성찰은 곧 주변 사람들에게 이어져서 우리 사회, 더 나아가 인간의 마음과 행동, 의사결정 과정을 더 이해하고자 항상 연구 대상에 대한 새로운 흥미를 가지게 됩니다. 심리학을 전공한 사람들이 나중에 직장에서 인사관리부서나 기업교육 분야에 종사하기도 합니다. 심리학 전공자들은 학문의 세계에 있지 않고 기업을 운영하더라도 개인의 발전이나 행복에 대해서 지속적으로 관심을 갖고 탐구하는 것을 자주 목격하기도 합니다. 자신의 전공 분야가 재미가 없다면 그런 일은 하기 힘들 것입니다.

둘째, 심리학의 연구 영역은 무한합니다. 최근 노벨경제학상을 수상한 다니엘 카너먼은 심리학과 경제학의 학제적 연구 분야인 행동경제학에서 이룩한 탁월한 연구 성과로 인해 수상의 영광을 누렸습니다. 이처럼 심리학 연구방법론은 다른 학문 분야에도 폭넓게 응용되고 있습니다. 최근 뇌 과학의 발전이나, 유전학의 발전 등으로 인간에 대한 이해가 예전에 비해 더 많이 깊어지고 정교해져서 인간 이해라는 심리학의 연구 분야는 더 정치精緻해질 것으로 예상됩니다. 미래 심리학의 연구 분야에는 그야말로 대양과 같은 지식탐구의 세계가 펼쳐져 있고, 한 개인의 이해는 모래알과 같이 미미하게 느껴질 지경입니다. 무한한 지식의 세계에 도전해 보고자 하는 이라면 심리학은 좋은 도전의 대상이 될 수 있습니다.

셋째, 심리학의 응용 분야는 폭넓습니다. 물질적 욕구가 어느 정도 충족되면 개인이나 사회는 점차 사회적 욕구나 자아실현 욕구가 발전한다고 하는데, 우리 사회도 요즈음 들어 심리학적 관심이 크게 늘어나고 있습니다. 최근 들어 『설득의 심리학』 『행복심리학』 등 심리학 관련 서적들이 인문사회과학 분야의 베스트셀러 리

스트에 많이 들어가고 있는 것만 보아도 우리 사회에서 심리학에 대한 사람들의 관심이 매우 높아지고 있음을 알 수 있습니다. 앞으로 우리가 탈물질사회로 진화할수록 심리학에 대한 사회적 요구는 더 커질 것입니다. 최근 젊은 층의 자살이나 우울증과 같은 사회현상에 대한 심리학적 대응도 중요해지고 있습니다. 또한 미국 드라마에서도 소개되었듯이 범죄수사에도 프로파일링과 같은 심리학적 방법이 응용되기도 합니다. 기업의 광고나 마케팅 활동에 있어 소비자에 대한 이해에도 심리학은 중요한 연구 방법과 이론을 제공하고 있습니다. 또 선거에 임하는 유권자의 심리나 투표행위에 대한 연구에도 심리학적 지식은 큰 도움이 되어 정치와 행정에 많이 활용되고 있습니다. 심리학은 사회과학 분야에서도 기초학문에 속합니다. 그래서 외국에서는 학부 과정에서 심리학을 전공한 사람들이 대학원 과정에서 경영학이나 정치학 등 응용사회과학 분야로 진출하는 경우가 많습니다.

직업이나 전공을 택하고자 하는 이들에게 나는 "이해하는 사람은 좋아하는 사람보다 못하고, 좋아하는 사람은 즐기는 사람보다 못하다."라는 옛 성인의 말을 전하고 싶습니다. 먼저 즐길 수 있는 분야를 찾아야 합니다. 싫어하는 일을 마지못해 평생 해야 한다면 그만큼 불행한 일이 어디 있겠습니까? 그러면서도 어른이라면 먹고사는 문제를 해결할 수 있어야 합니다. 자신이 원하는 일만 하고 경제적으로 독립하지 못한다면 가족이나 사회에 폐를 끼치는 사람이 되고 말 것입니다. 그러므로 즐기면서 일할 수 있는 분야를 찾되, 먹고 살 수 있고 사회적으로 유용한 일을 하는 사람이야말로 가장 행복한 사람이라고 생각합니다. 부디 여러분들이 즐기면서 일할 수 있는 분야를 잘 찾기를 바랍니다.

06

심리학과 광고 마케팅

 profile

김성균

ideacompany prog 브랜드 Director

TBWA KOREA 브랜드컨설팅팀

대홍기획 마케팅전략연구소

서울대학교 심리학 학사

skkim@ideaprog.com

●●

심리학과 광고는 모두 사람을 향한다

심리학은 문과와 이과의 성격을 모두 가지는 복합 학문입니다. 사람에 대한 이해를 바탕으로 한 인문학의 성격을 지니기도 하고, 통계와 실험에 기반한 사회과학의 성격과, 생물학과 뇌 과학을 포괄하는 자연과학의 성격도 지닙니다.

광고의 영역도 심리학의 복합성만큼이나 다양합니다. 예술과 상술을 조화시켜야 하는 영역답게 디자이너, 카피라이터, 광고기획자, 브랜드 마케터, 미디어 플래너 등 수많은 전문가들이 모여 하나의 프로젝트를 이루어 냅니다. 감각적인 영상과 감성적 카피는 예술에 닿아 있고, 시장에 대한 냉철한 분석은 과학에 닿아 있습니다. 그러나 이성과 감성을 넘나드는 광고가 지향하는 한 가지 공통점은 그것이 사람을 향한다는 것입니다. 심리학이 사람의 마음과 행동을 이해하기 위한 학문이라면, 광고는 소비하는 사람, 즉 소비자의 마음과 행동을 이해하는 것에서 출발한 상업적 활동입니다.

브랜드 마케팅 영역에서의 강점

그중 심리학과 출신들이 진출한 대표적 분야 중 하나가 광고회사의 마케팅과 브랜드 영역입니다. 심리학이 가진 사회과학적 방법론실험설계와 통계분석을 통해 형성된 추론 능력과 숫자에 대한 감각은 시장에 대한 과학적 분석을 하는 데 도움이 되며, 사회심리 · 상담심리 · 성격심리 등을 통해 길러진 사람에 대한 이해 능력은 소비자를 보다 심층적으로 이해하는 데 도움이 됩니다. 특히 최근에는 양적인 조사보다 질적인 조사에 대한 관심이 높아지면서 소비자의 동기, 감정, 태도, 가치 등을 파악하는 심리학의 방법이 브랜드 마케팅에 응용되고 있는 추세입니다.

흔히 브랜드는 제품/서비스에 관한 여러 가지 이미지의 집합체로 정의되는데, 이 정의는 심리학의 연상 네트워크Schema 개념을 경영학에 적용한 것이라 할 수 있습니다. 심리학과 출신들은 자연스럽게 소비자의 심리적 기제를 기반으로 브랜드 전략을 입안하고 실행 및 통제할 수 있습니다. 최근 기업들이 존경받는 기업, 사랑받는 기업, 착한 기업 등 점차 사람의 인성을 닮아가는 브랜드 전략을 설정하고 있어 브랜드 영역에서 심리학의 역할은 더 커질 가능성이 있습니다.

일반 기업체보다 광고회사가 심리학과에게 유리

그런데 마케팅과 브랜드 영역으로 진출하기에는 일반 기업체보다 광고회사가 심리학 전공자에게는 더 유리합니다. 일반 기업들은 마케팅을 제품, 유통, 가격의 측면에서 바라보기 때문에 주로 경영학과 출신 등을 선호하는 반면, 광고회사는 마케팅을 소비자 측면에서 바라보기 때문에 심리학적 시각이 더 많이 요구됩니다. 또한 심리학과 출신 선배들이 다수 진출해 있기 때문에 브랜드 마케팅과 심리학의 관계를 당연하게 여기는 곳이기도 해서, 여러 가지 도움을 얻을 수도 있습니다.

일단 광고회사의 브랜드 마케팅 분야로 진출하고 나면 향후 여러 분야로의 이직도 쉬운 편입니다. 직업을 구할 때 흔히 하는 실수가 회사를 기준으로 선택하는 것입니다. 요즘은 경력사원 채용이 많아지고 있는 추세이므로, 직업을 구할 때는 첫째, 회사가 아니라 Category업종를 중심으로 선택해야 하며, 둘째 해당 Category에서 영업, 교육, 마케팅, 인사 등 어떤 일을 할지 Job을 중심에 놓아야 합니다. 원하는 회사는 향후 이직을 통해 옮겨갈 수도 있기 때문입니다.

그런 점에서 광고회사는 수많은 Category를 다루는 곳이라 이직의 폭이 금융, 자동차, 전자, 교육, 의류 등 상대적으로 넓은 편입니다. 또한 어떤 Category로 이직을 하더라도 광고 · 브랜드 마케팅이라는 Job을 가지고 이직을 하게 되므로 Category에 상관없이 전문성을 쌓을 수 있습니다.

한편으로 광고업계에서는 광고회사 간의 이직 기회도 많기 때문에 처음에는 작은 회사에서 출발하여 점차 상위권 광고회사로 옮겨가는 일도 많으며 상위권 광고회사 출신들은 삼성, 현대, LG, SK 등 국내 대기업의 브랜드 마케팅 분야로 이직도 자유로운 편입니다. 따라서 광고회사의 브랜드 마케팅 분야를 희망하고 있다면, 처음부터 상위권 광고회사만을 목표로 할 필요는 없습니다.

더 많은 인문학적 교양과 idea가 필요

광고회사의 브랜드 마케팅 영역은 심리학과 출신들에게 분명 유리한 분야이기는 합니다. 그러나 심리학과 출신이라고 모두가 인정받는 것은 아닙니다. 심리학과 광고의 공통점은 모두 사람을 향하는 것이라고 했습니다. 사람에 대한 더 깊은 이해는 심리학 이외의 많은 인문학적 교양을 필요로 합니다. 역사, 문학, 인류학, 심지어는 과학적 지식마저도 광고와 브랜드 마케팅을 위해 필요한 지식들입니다. 더 넓게 볼 수 있는 사람이 더 깊게 볼 수도 있는 것입니다. 따라서 대학시절 전공인 심리학은 물론 여러 가지 교양 과목들을 충실히 듣는 것이 도움이 될 수 있습니다.

또한 광고회사는 Creative가 중시되는 곳이기도 합니다. 소비자 심리를 지나치게 분석하기보다는 소비자의 행동을 이끌어 낼 창의적인 idea를 더 중시하는 곳입니다. 숫자에 대한 감각을 가지고 있되, 숫자보다는 사람을 이해할 수 있어야 하고, 무엇보다 세상을 바라보는 직관과 idea가 있어야 합니다. 깊게 보되 남과는 다른 것을 볼 수 있는 사람이 광고회사의 브랜드 마케터가 되는 자질을 가진 인재입니다.

만약 자신이 직관적 사고를 가지고 새로움을 추구하는 성향이라면 광고회사는 도전해 볼 만합니다. 심리학을 바탕으로 시장과 소비자를 이해하고, 새로운 idea를 통해 브랜드를 성장시켜 가는 성취감은 새로움을 추구하는 사람에게는 만족스러운 보상이 될 수 있을 것입니다.

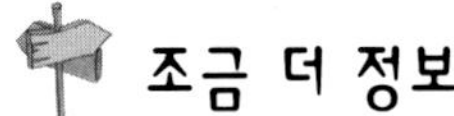

광고회사의 브랜드 마케터는 다음과 같은 일을 한답니다.

- 시장과 소비자에 대한 Research를 수행합니다.
- 소비자의 trend를 연구합니다.
- 브랜드가 처한 문제점을 진단하고, 해결방안을 모색합니다.
- 소비자를 설득하기 위한 광고 메시지를 개발합니다.

대기업에 다니지는 않지만 대기업 브랜드들을 많이 경험할 수 있습니다.

광고를 집행할 수 있는 브랜드들은 대부분 규모가 크고 잘 알려진 브랜드들입니다. 따라서 광고회사에 다니면 국내 주요 브랜드들을 폭넓게 경험하며 실전을 통해 전문성을 쌓을 수 있습니다. 참고로 제가 진행한 주요 프로젝트는 다음과 같습니다.

- SK텔레콤, SK그룹, SK에너지 브랜드 전략
- CJ미디어, CJ인터넷 브랜드 전략
- KT&G, 한솔교육, 신한금융투자 브랜드 전략
- 아디다스, 닛산인피니티, G마켓

심리학은 오래 전부터 광고와 함께 했습니다.

산업심리학자였던 스콧Scott은 이미 1908년 『광고심리학The Psycholgy of Advertising』이라는 책을 저술하였으며, 이후 많은 심리학자들이 광고의 효과에 대해 연구한 바 있습니다. 주제도 광고에 의한 태도 변화, 주의와 지각, 유명모델의 영향력, 브랜드 확장 등 다양한 분야에 심리학적 이론들이 활용됩니다. 그래서 광고회사의 많은 사람들은 『광고심리학』이나 『소비자 행동론』 등의 책을 읽으며 소비자에 대해 이해하려고 노력하고 있습니다.

광고회사의 브랜드 마케터가 되면 할 수 있는 일

브랜드 마케팅 분야의 전문성은 필요로 하는 곳은 많이 있습니다. 광고회사에서 다양한 분야의 브랜드를 경험하며 습득한 전문성은 광고회사 내부는 물론 다른 분야로의 이직에 발판이 되기도 합니다.

- 광고회사의 브랜드 마케팅 분야에서 일합니다.
- 광고회사 내부에서 광고 기획자로 옮기기도 합니다.
- 기업체의 브랜드 마케팅 분야로 이직하기도 합니다.
- 브랜드 컨설팅을 전문으로 하는 회사로 이직할 수도 있습니다.
- 조사회사 등 시장 분석을 전문으로 하는 회사로 옮겨 갈 수도 있습니다.

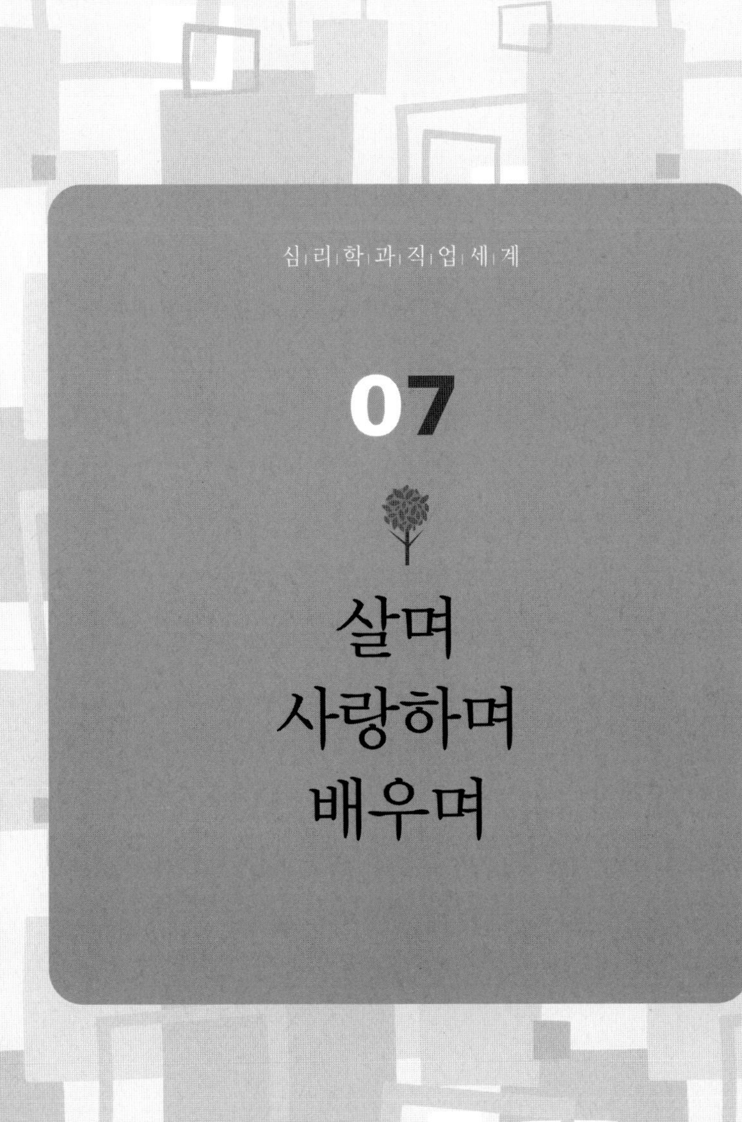

07

살며 사랑하며 배우며

 profile

김수영

(사)인터넷꿈희망터(IDOS)
성신여자대학교 심리학 석사(임상심리학)
청소년 지도사 2급, 청소년 상담사 2급
제과 기능사, 제빵 기능사
youngkim@idospace.or.kr

●●

저는 현재 인터넷 중독 상담센터 인터넷꿈희망터에서 일하고 있습니다. 주요 업무는 내담자 초기 면접, 베이킹 클래스 진행, 내담자 간식 베이킹, 심리평가, 임상심리 전문가 수련, 행정 업무 등입니다.

일을 하면서 화나 있고 냉소적인 청소년 내담자들과 이야기를 나누다 보면 그들의 상처 입은 여린 마음을 보게 됩니다. 안쓰럽고, 안타깝습니다. 사회적으로 경제적으로 안정적이라 부러울 것 없어 보이는 부모님들이 자녀의 문제로 힘들어하며 슬퍼하실 때 깊은 연민과 안타까움이 생깁니다. 정말이지 가정보다 중요한 것은 없다는 생각이 들어 집에 두고 온 일곱 살짜리 아들 생각이 많이 납니다. 그런데 더디지만 조금씩 변해 가는 내담들의 모습을 보면 참 감사하고, 그래서 포기하면 안 되는구나 하는 생각을 하기도 합니다.

전화예약을 하고 오는 것이지만 인터넷 중독과 관련하여 상담센터에 들어오면 어렵고 어색하겠지요. 특히 '끌려온' 청소년 내담자들은 더 그럴 겁니다. 저는 접수 면접을 하는데, 보호자가 아닌 인터넷 사용에 문제가 있는 내담자 본인과 이야기를 나누어야 합니다. 시작부터 편안할 수는 없지만 이야기를 나누다 보면 그래도 대부분 인터넷을 줄여야 한다고는 생각하는 것 같습니다. 면담하는 30분 정도의 시간을 통해 내담자의 문제에 대해 이해할 뿐 아니라 치료에 대한 동기부여가 되는 시간이 되길 바란다면 욕심일까요?

만나면 기분 좋은 선생님, 보호자들에게 편안함과 진실한 위로를 주는 사람이 될 수 있으면 좋겠습니다. 심리평가 시간은 꽤 긴 편입니다. 특히 게임의 재미에 몰두하던 친구들은 지루함을 느끼기도 합니다. 3~4시간 동안 내담자의 인지적 잠재력과 사고 및 정서, 성격과 대인관계 특성이 잘 드러나도록 편안하게 진행하는 숙련된 평가자가 되고 싶습니다. 물론 공부를 더 열심히 해야겠지요.

또한 베이킹 클래스가 재미있고 즐거운 시간이 되었으면 좋겠습니다. 그래서 상담 등의 치료 과정에 촉진적 역할을 할 수 있었으면 좋겠습니다. 더불어 제가 만든 쿠키가 센터를 방문하는 내담자와 보호자에게 기분 좋은 선물이 되었으면 좋겠습니다.

개인적으로 긍정적이고 따듯한 마음으로 사람을 세워 주는 상담자가 되는 것, 전문성에 있어 꽉 찬 임상심리 전문가가 되는 것이 지금의 목표입니다. 또한 동료들에게 힘이 되고 도전이 되는 상담자가 되는 것도 중요합니다. 그러니까 제 목표는 '좋은 사람' 이 되는 것입니다. 그리고 무엇보다도 '행복한 아이' 의 엄마이자 '행복한 남편' 의 아내로 사는 것입니다.

제가 대학원 졸업과 동시에 바로 수련을 받고 열심히 공부하였더라면 지금쯤 임상심리 전문가로서 일하고 있어야 하지만, 이제 임상심리 전문가 수련 1년차입니다. 지난 10여 년은 많은 것들을 포기하고 한 아이의 엄마로, 쿠키 굽는 아줌마로, 지인들을 위한 간이 상담가 쯤으로 살았다는 것이 정확한 표현인 것 같습니다. 직업으로서 상담을 하는 것은 아주 오래 전 포기하였고, 특히나 임상심리 전문가가 되는 것은 손사래를 칠 정도로 저와는 상관없는 일이었습니다.

그러던 어느 날 평소 저를 안타깝게 생각해 주시던 지인으로부터 인터넷 중독 상담센터인터넷꿈희망터에 이력서를 내 보라는 권유를 받게 되었습니다. 행위 중독은 평소 관심이 많던 영역이었습니다. 책도 꽤 구입해서 읽었고, 정말 많은 사람들이 고통 받고 있다는 것도 잘 알고 있었습니다. 그러나 제가 그 일을 할 수 있을 거라고는 생각하지 않았었습니다. 이력서를 쓰는 데 3시간이 꼬박 걸렸습니다. 너무 오랫동안 덮어 놓았던 것입니다. 무슨 일을 어디서 했는지 잘 기억이 나질 않았습니다. 자기소개서는 더 힘들었습니다. 소개할 것이 없다고 생각했습니다. 그러다 문득 그 얼마 전에 읽은 『스토리가 스펙을 이긴다』라는 책이 생각났습니다. 그래도 내겐 스토리가 있지 않은가 위로하며 진솔하게 제 이야기를 펼쳤습니다. 그런데 그 스토리가 통했는가 봅니다. 꽤 많은 지원자들이 있었다던데 제가 정식 채용되었습니다. 후일담이지만, 센터장님은 제게 날개를 달아 주고 싶었다고 하셨습니다. 스토리가 좀 짠했던 모양입니다.

저는 대학에서 아동학, 청소년 지도학을 공부하였습니다. 물론 이후에는 임상심리로 석사 과정을 마쳤습니다. 유치원 정교사 2급, 청소년 지도사 2급, 청소년 상담사 2급 등의 자격을 취득하였고, 학부 4학년 때는 서울시 청소년 프로그램 공모전에서 우수상을 타기도 했습니다. 해외 봉사 프로그램에도 여러 번 참가하였고, 대안학교에서 중학교 입학자격 검정고시, 고등학교 입학자격 검정고시 준비 과정 학생들의 학습지도를 했으며, 청소년 수련관과 상담소에서 여러 가지 자원활동도 하였습니다. 긍정적 청소년 개발에 관심이 없었던 것은 아니었지만 아무래도 자꾸만 관심이 가는 것은 사람의 아픈 마음과 생각이었던 것 같습니다. 대형교회에서 청년부 리더로, 교사로 지낸 8년 동안 다름의 차원을 넘어서는 병리적인 사람들도 만나게 되었고, 정신분열증과 자살 등의 심각한 사례도 보게 되면서 좀 더 전문적으로 사람을 도울 수 있었으면 좋겠다는 생각을 하게 되었습니다. 심리학, 특히 임상심리학에 관심을 갖게 되었고, 공부할 수 있는 길도 열렸습니다. 대학원에서의 2년은 많은 도전을 받으며 꿈꿀 수 있던 의미 있는 시간들이었습니다. 20대로, 성인으로 살아오면서 크고 작은 어려움이 없던 것은 아니었지만 그래도 역량 있는 좋은 상담가가 되고자 하는 저에게 그 모든 것이 자양분이며 의미 있는 경험이 될 것이라 믿으며 지나왔습니다. 석사 과정을 마치고 수련을 준비할 즈음 한 번의 시련이 더 찾아왔습니다. 그런데 이번엔 저 혼자 감당하기엔 벅찬 수준이었던 것 같습니다. 크고 작은 많은 일들을 겪어내면서 지쳤었던 가 봅니다. 그래서 결정한 것은 모든 것으로부터 숨는 것이었습니다. 내가 해 온 공부, 여러 가지 경험, 전문가로서의 미래…… 그 어떤 것도 큰 의미가 없어 보였습니다. 그래서 상담을 직업으로 삼는 것은 내 길이 아닌가 보다 싶어 한동안 쿠키를 굽는 평범한 아줌마로서 살아 보기도 했습니다.

돌이켜 보면 대학에 들어와서 심리학 공부를 하면서 발달심리, 교육심리, 아동심리, 심리학개론, 상담학개론, 인간관계론, 청소년심리학, 청소년상담학 등 '심리' 나 '상담' 이 들어가는 과목은 전공이든 교양이든 다 들었던 것 같습니다. 성적이 좋은 과목도 있고 그렇지 않은 과목도 있지만 다 재미있었고 더 알고 싶었습니다. 특히 대학원에서는 거의 모든 교과 과정이 재미있었습니다. 어른이 되고 나서 가장 재미있었던 학문이 심리학이었습니다. 사람을 좋아했고, 주변에 사람이 늘 많았던 터라 인간관계와 성격 문제는 제 삶의 중요한 이슈들 중 하나였습니다. 아버지와의 갈등, 어머니로부터의 정서적 독립, 고통의 문제 등은 기독교 신앙과 심리학을 조화시키려 노력하고, 나보다 먼저 그 문제들을 안고 씨름했던 많은 학자들을 통해 혜안을 얻고자 노력하게 만들었습니다. 임상가로서의 커리어를 포기하고 쿠키를 만드는 아줌마로서의 정체성을 갖고 살아갈 때도 수많은 기독 심리학자들의 책은 저의 벗이었고 힘이었습니다. 심리학은 나에게 교양이고, 학문이고, 지혜이자 나만의 작은 권력이었던 셈입니다. 행복한 공부였고, 어느 누구의 압력도 없이 순수하게 자발적인 학습동기를 갖게 해 주었던 학문입니다. 지금도 마찬가지입니다. 상담사라는 직업으로 업무를 수행하는 데 있어서 심리학은 제 오른쪽 날개입니다. 이전에도 즐거운 학문이었고 앞으로의 여정에서도 즐겁고 행복한 학문일 것입니다. 물론 학문으로도, 지혜의 경륜으로도 아직 멀었다는 것을 압니다. 오히려 이제 진짜 시작일 수도 있을 것 같습니다. 그러나 저에게 있어 심리학이란 어렵지만 도전해 볼 만한, 나이 드는 것이 두렵지 않게 해 주는 아주 멋진 학문이라고 생각합니다.

현재 저희 센터는 게임이나 소셜네트워크 등의 인터넷 관련 문제들로 생활에 어려움을 겪거나, 부모님들과 갈등을 겪는 내담자들이 방문하여 접수 면접, 심리평가 등을 거쳐 심리상담과 음악, 미술, 모래놀이, 요리 등의 예술치료와의 통합치료서비스를 받고 있습니다. 특히 언어적 표현을 힘들어 하는 내담자들이 예술치료를 통해 여러 가지 도움을 받습니다. 저는 접수면접과 심리평가, 슈퍼비전을 받고 스터디, 저널 리딩에도 참여하며, 요리 클래스를 진행하고 상담 데이터 정리 등의 행정적 업무도 병행하고 있습니다.

처음 센터를 찾아온 청소년 내담자들은 거의 대부분 부모님의 권유로 오게 됩니다. 쉽게 말해 '끌려오는' 경우가 많습니다. 그래서 기분이 좋지 않을 뿐더러 화가 나 있는 경우도 있고, 치료를 받기 위해 자발적으로 왔다 하더라도 창피해하는 경우가 많습니다. 초등학교 저학년 학생부터 30대 성인까지 연령층도 다양하고 배경도, 인터넷 과다 사용의 패턴도 각각 다릅니다. 어린 친구들에게는 눈높이를 맞추어 쉬운 말로 편안하게 대해 줘야 하고, 예민하고 화나 있는 사춘기 청소년들과 성인들에게는 어느 정도의 유머감각이 필요한데, 따듯한 마음이 전달되면 좀 더 편안하고 진실한 대화가 이루어집니다. 연령과 배경이 다양하고, 인지적 · 정서적 상태가 다양한 내담자들과 첫 장면에서 라포Rapport를 형성한다는 것이 늘 쉬운 일은 아니지만 제가 경험한 다양한 활동과 다양한 사람들과의 의사소통 경험이 많은 도움이 되는 것은 사실입니다. 이야기를 나누다 보면 대부분의 내담자들을 귀히 여기는 마음이 더 커지기도 합니다.

매주 유기농 재료로 쿠키를 구워 내담자와 보호자들을 대접합니다. 제가 만들었기에 제 입으로 말하기 쑥스럽지만 대부분 맛있다고 좋아하십니다. 지금은 아이들과 쿠키를 굽고 케이크를 만듭니다. 평소엔 말도 없고 쑥스러워 하던 녀석들이 하얀 앞치마와 제빵사 모자를 즐겁게 착용하고, 집에 가져가면 행복해할 가족들을 떠올리며 재미있게 쿠키를 만듭니다. 매주 수요일이면 가족들이 쿠키를 기다린다는 친구도 있고, 그중엔 제빵사가 될까 하고 심각하게 고민하는 친구도 있고, 어머니에게 오븐을 사 주면 게임을 하루 덜 하겠다고 하는 친구도 있습니다. 맛있는 음식과 사람들이 보내 주는 빠르고 긍정적인 피드백의 힘이 아닌가 싶습니다. 설거지도 뒷정리도 아주 잘해냅니다. 그 친구들이 일상 속에서도 그렇게 소소한 것을 즐거워하며 책임감 있게 지내게 해 달라는 기도를 합니다.

개인적인 고통의 터널을 지나갈 때, 그 고통이 내 인생의 자양분이라고 생각했습니다. 그러나 그 터널이 끝이 없는 것처럼 느껴질 때, 어쩌면 그 고통이 내게 독이 될지도 모른다는 두려움도 있었습니다. 내담자를 만나고, 고통스러워하는 부모들을 볼 때 이전과는 다른 깊이로, 다른 차원으로 그들의 고통에 공감합니다. 이제는 그 시간들이 자양분이 되었다고 확신합니다. 오래 쉬었다가 다시 시작하느라 두려웠지만 의미 없는 시간은 아니었다는 생각이 듭니다.

젊음의 한가운데서 꽃피워야 더 멋진 일들이 많습니다. 시대가 워낙 빠르게 변하다 보니 나이 들면 못하게 되는 것이 더 많은 것처럼 느껴집니다. 젊은이들의 열정과 창의성을 따라잡지 못하는 것은 너무도 당연하고, 지식과 지혜조차도 되려 '오래 되고 낡은 것' 이 되어버리는 것 같습니다. 그런데 인간에 대한 이해와 삶의 경륜이 만나는 상담의 현장에서는 그 '오래된 것' 이 참 멋있습니다. 저는 내담자들과 동료들에게서 많은 것을 배웁니다. 경험이 많은 임상가들, 혹 경력은 짧더라도 지혜와 함께 나이가 든 동료 선생님들에게서 지식 이상의 그 무엇을 배웁니다. 그것은 아마도 사람에 대한 애정과 인생에 대한 진실한 태도이겠지요. 지식이 한쪽 날개라면 지혜의 경륜이 나머지 한쪽 날개라는 생각이 듭니다. 저는 지금 지식뿐 아니라 삶을 배우고 있습니다. 돈, 명예, 권력으로는 가질 수 없는 삶의 지혜와 의미를 배우고 있는 것입니다. 심리학에 입문할 때는 배워서 남 주겠다는 이타적이고 거룩한 인류애, 그러나 다분히 오만한 권력욕으로 시작했지만, 지금은 나를 위해 참 잘 배웠다 생각합니다. 세상의 변화는 나 자신의 변화로 시작되는 것이니까요. 저는 심리학과 함께한 저의 18년이 후회되지 않습니다. 그리고 나이 드는 것이 두렵지 않습니다.

지식은 참 중요한 것 같습니다. 잘 배우시고 많이 공부하셨으면 좋겠습니다. 그러나 사람에 대한 애정과 이해의 깊이는 교과서로 배우는 것이 아닌 것 같습니다. 고통의 문제를 끌어안고 고민하며, 봉사를 통해 삶의 진정한 의미를 배울 수 있으면 좋겠습니다. 빈부귀천에 상관없이 사람을 소중히 여기는 사람, 동료들에게 본이 되고 사랑받는, 인격에서 향기 나는 좋은 사람이 되었으면 좋겠습니다. 심리학이라는 매력적인 학문을 통한 지식과 삶의 지혜……. 그 두 날개로 훨훨 날아 더 넓은 시야로 세상을 보게 되면 좋겠습니다.

08

사랑과 열정으로 자신의 일에 도전해 보세요!

 profile

손규일

한국산업인력공단 팀장
중앙대학교 심리학 석사(산업심리학)
영남대학교 심리학 학사
kyuilshn@hanmail.net

●●

언제 어느 시대나 자신의 가치를 높이기 위한 꾸준한 자기계발은 있어 왔습니다. 하지만 최근 들어 자기계발의 필요성이 크게 중요해진 이유는 고용시장 유연화로 평생직장을 갖기가 힘들어졌기 때문일 것입니다. 무한경쟁시대에 지속적인 경제 활동을 위해서는 자신만의 경쟁력 있는 능력이 필요합니다. 꾸준한 자기계발로 경쟁력을 갖춘다면 평생직장은 아니더라도 평생직업을 가질 수 있을 것입니다.

제가 근무하고 있는 한국산업인력공단은 1982년에 창립되어 산업화시대의 인력 양성 및 수급 효율화를 담당해 오다가 시대적 요구에 부합하기 위해 2006년 평생학습지원 전문기관으로 개편되었습니다. 현재 공단은 '사람과 기업의 가치를 높여 주는 최고의 인적자원개발 전문기관' 을 비전으로 다양한 사업을 추진하고 있습니다.

공단의 사업 중 국민들이 가장 친근하게 느끼는 것은 아마도 자격관리사업일 것입니다. 정보처리기사, 자동차정비기사, 제빵기능사와 같은 자격시험을 많이 들어 보셨을 겁니다. TV 드라마나 예능 프로그램에서도 공단의 자격시험이 많이 소개되고 있죠. 공단에서는 올해 516개 종목의 국가기술자격시험과 공인중개사와 같은 전문자격시험 33개를 시행하고 있습니다.

자격관리사업이 가장 역사가 깊은 업무인 반면, 평생능력개발사업은 2006년 조직개편 이후 새롭게 시작한 업무입니다. 평생직장이 아닌 평생직업의 시대로 접어들면서, 자기계발을 지속하지 않는 사람은 경쟁력을 갖추기 어렵게 되었습니다. 지속적인 자기계발로 근로자가 경쟁력을 갖추게 되면 그만큼 기업의 가치도 높아질 것입니다. 공단은 주로 자기계발에 대한 투자가 어려운 중소기업 근로자와 중소기업의 평생 능력 개발을 지원하고 있습니다.

이외에도 글로벌리더 양성을 위한 '해외취업지원사업', 중소기업의 구인난을 해결하는 '외국인고용지원사업', 기능인 우대 풍토 조성을 위한 '기능장려사업', 국제기능올림픽대회에서 총 17번의 종합우승을 이끈 '기능경기사업', 개도국에 HRD 노하우를 전수하는 '국제교류사업' 등을 수행하고 있습니다.

저는 1983년 2월 영남대학교 심리학과를 졸업하고 그해 민간기업에 취업을 위해 준비하던 중 당시 노동부현재 고용노동부 국립중앙직업안정소이후 '중앙고용정보관리소'로 직제 개편, 현재 '한국고용정보원'에서 심리학과 출신자를 모집했고 심리학과 은사님께서 추천해 주셔서 특채로 1983년 봄에 발령받아 청소년들의 직업지도를 위한 심리검사 개발 · 보급 · 상담 업무에 종사하게 되면서 공직에 입문하게 되었습니다.

노동부의 심리검사 개발 · 개정 업무 및 청소년 진로지도를 위한 상담 업무는 대학의 전공과 직접 관련되어 있어 진로선택의 기로에 선 많은 청소년들에게 심리검사 실시와 상담 등을 통해 도움을 줄 수 있었습니다. 그때 진로 선택에 많은 고민을 하던 한 민원인이 적성검사를 하고 결과를 상담 받은 후 눈물을 글썽이면서 주머니에서 구겨진 천 원짜리 몇 장을 제 손에 쥐어 주려 하면서 고맙다고 하던 그 장면이 아직도 기억 깊숙이 자리 잡고 있습니다. 상담장면에서 내담자와 라포Rapport를 형성한 후 내담자의 마음을 열고 성공적으로 상담을 할 수 있었던 것은 상담심리학을 통해 배운 것이었습니다. 이때의 공직 경험에서 느낀 보람과 긍지가 지금까지 도움이 필요한 많은 사람들을 돕는 일에 종사하게 한 계기가 되었습니다. 이렇게 담당 업무에 보람을 느끼며 근무한 결과 1999년 8월에는 모범공무원상을 수상하게 되는 영광을 누리기도 하였습니다. 심리검사 업무를 담당하면서 느낀 배움에 대한 갈증을 해소하기 위해 중앙대학교 대학원에 진학하여 석사학위산업심리학 전공를 취득하기도 하였습니다. 2001년 1월 제가 근무하던 노동부 중앙고용정보관리소'국립중앙직업안정소' 전신의 업무가 노동부 산하기관인 한국산업인력공단으로 이관되면서 현재까지 공단 직원으로 근무하고 있습니다. 지금 담당하고 있는 국가자격시험관리 업무와 심리학과는 관련성이 적지만, 기술사에서부터 기능사에 이르는 기술자격증, 그리고 직업상담사 · 임상심리사 등과 같은 전문사무자격증을 취득하기 위해 한해 300만 명에 가까운 많은 자격시험 응시자들을 응대할 때, 심리학 공부를 토대로 하여 이들의 눈높이에 맞춘 행정서비스를 하고 있습니다.

저는 지금까지 일을 하면서 스스로의 명예보다 국가와 사회에 봉사한다는 생각으로 공직에 임해 왔고, 앞으로도 초심을 잃지 않고 저의 일에 최선을 다할 것입니다. 심리학을 전공하고자 하는 후배들에게는 먼저 자신의 일을 사랑하고, 그런 다음 열정과 패기로 자신이 추구하는 목표 달성과 자아성취를 위해 일하는 자신의 모습을 마음속으로 그려 보고 그렇게 노력하라고 말하고 싶습니다. 인생을 마라톤과 같은 장거리 경주에 비유하곤 합니다. 그 출발점에서 모든 학문에 기초가 될 수 있는 심리학을 공부하여 타인을 배려하며 자신의 일에 대한 긍지와 자부심, 따뜻한 마음을 가진 사람으로 성장하시기 바랍니다.

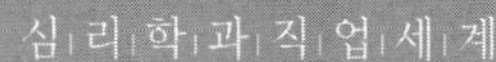

09

나의 삶, 나의 일……
마음을 다친 아이들과의 만남 그리고 희망

 profile

이종명

해바라기아동센터
한양대학교 · 아주대학교 병원 등 임상심리실 수련
가톨릭대학교 심리학 학사 · 석사(임상심리학)
monojm@naver.com

●●

제가 일하는 곳은 해바라기아동센터라는 곳입니다. 해바라기아동센터는 우리나라 아동 성폭력 피해의 심각성에 대한 사회적인 공감대가 형성되면서 만 13세 미만의 아동과 지적장애인들이 성폭력 피해를 입었을 때 피해 아동과 가족들에게 의료 · 심리 · 법률 지원을 하는 기관이지요. 조금 더 자세히 이야기하자면, 갑작스럽게 성폭력 피해를 당해 신체적 상해를 입고, 심리적으로 크게 놀라고, 경찰에 사건을 신고해 법적 조치를 취해야 할 때, 이 모든 일들을 어떻게 헤쳐 나가야 할지 난감하고 막막할 때, 해바라기아동센터로 연락을 하면 구체적이고 실질적인 도움을 받을 수 있어요.

이곳 해바라기아동센터는 의료 · 심리 · 법률 서비스를 총체적으로 지원하는 기관이라 임상심리학자뿐 아니라 소아정신과의사, 간호사, 사회복지사, 행정직원이 모여 함께 일을 하고, 법률 지원을 도와주시는 자문 변호사도 계세요. 예를 들어, 성폭력으로 인해 몸에 상처를 입었을 때는 무엇보다 다친 부위를 치료하는 것이 우선이기 때문에 질환에 따라 산부인과, 비뇨기과, 외과, 치과 등의 의사 선생님들을 만나 치료를 받습니다. 이후 괴로운 사건이 반복적으로 떠오르거나, 불안한 마음에 잠을 잘 자지 못하고, 집중을 잘 하지 못하는 등의 문제가 있을 때는 정신과 의사 선생님을 만나서 마음이 진정될 수 있도록 약물치료를 받기도 하고, 심리학자를 만나 현재 전반적인 심리상태에 대한 이해를 위해 심리평가를 받고, 놀이치료, 인지행동치료, 성폭력 재발방지교육 등을 받기도 합니다. 정말 끔찍한 경우이지만 친족 내 성폭력으로 피해를 입은 아동과 비가해 보호자가 거주할 곳이 없을 때나, 당장의 생활비가 없을 때 등의 위기 상황에서 피해자를 안전하게 보호할 수 있도록 사회복지서비스를 연계하기도 합니다. 또한 경찰에 사건을 신고하고, 재판 진행 과정에서 법률 자문을 받고 싶을 때는 변호사 상담을 받을 수도 있답니다.

그럼 이제부터는 해바라기아동센터에서 심리학자가 하는 일에 대해 좀 더 구체적으로 이야기를 해 볼게요. 앞서 언급했지만, 신체적인 상해에 대한 응급조치가 끝나고 심리적인 문제로 인해 고통을 받을 때, 피해 아동과 가족들은 정신과 의사 선생님을 만나 초기 진료를 받고, 심리학자를 만나 심리평가도 받게 됩니다. 센터에 내방하는 성폭력 피해 아동들이 입은 피해 내용을 살펴보면, 수년간 친족 내에서 성폭행과 강제 추행을 당한 경우도 있고, 평소 잘 알던 어른이 예쁘다며 먹을 것이나 선물을 주면서 아동을 유인하여 성추행을 한 경우도 있습니다. 요즘에는 자신보다 나이가 많은 언니, 오빠 내지는 누나, 형들과 병원놀이나 숨바꼭질을 하다가 성추행을 당하는 경우도 있고, 골목길에서 바바리맨을 만나거나, 등하교 시 갑자기 으슥한 곳으로 끌려가 성추행이나 성폭행을 당하는 경우도 있습니다. 아주 끔찍한 일이지요?

이때 심리학자는 성폭력을 당한 아동을 만나서 아동이 어떤 사건을 경험했는지 묻고, 그로 인해 현재 힘든 점이 무엇인지, 평소 가족 및 학교 또래관계는 어떤지, 평상시에 적응하는 데 다른 어려운 점들은 없었는지 등에 대해 면담을 해요. 성폭력 사건 이외에

평소 적응을 잘 했는지를 묻는 건 센터에 내방하는 아이들 중에는 잘 지내다가 어느 날 갑자기 교통사고 당하듯 성폭행을 당하는 경우도 있지만, 성폭행 사건 이전부터 부모님의 이혼, 부모님의 만성 질병, 경제적 빈곤, 가족 내 신체 및 정서학대, 학교 부적응, 왕따 등의 문제로 심리적 어려움을 겪던 중에 성폭력 피해까지 입은 아이들도 있기 때문이에요. 사건 이전에 적응이 양호했던 아이보다는 사건 이전부터 적응에 어려움이 있었던 아이들이 성폭력 사건으로 인한 충격에서 회복하는 데 시간과 노력이 많이 들기 때문에 아이의 주변 환경에 대한 탐색이 필요하답니다.

심리학자는 면담 이외에도 그림이나 지능검사 등 여러 가지 심리검사 도구를 활용하여 현재 이 아이의 심리상태가 어떤지, 아이의 강점과 약점이 무엇인지, 외부 위험으로부터 아이를 보호해 줄 수 있는 보호요인 및 환경적 취약성이 어떤 것인지, 앞으로 어떤 치료적 지원이 필요한지에 등에 대해 파악한 뒤 심리평가 보고서를 작성합니다. 심리평가를 하다 보면 어떤 아이들의 심리상태는 금방 이해가 되지만, 어떤 경우에는 아이의 깊은 속마음을 이해하기 위해 몇날 며칠 고민하며 각종 전문서적을 읽어야 하기도 합니다. 아이의 심리상태에 대해 정확히 이해를 해야 현재 아이에게 어떤 도움이 필요한지 판단할 수 있고, 그래야만 어려운 상황에 처한 아이에게 제대로 된 도움을 줄 수 있기 때문이지요. 이렇게 고심 끝에 심리평가 보고서를 작성한 뒤에는 전 직원이 함께 모여 피해아동에 대한 통합사례회의를 하고, 아동과 가족에게 필요한 의료, 심리, 법률, 사회복지서비스를 논의한 뒤, 회의 결과에 따라 아동에게 필요한 서비스를 지원하게 됩니다.

이제 심리학자들은 심리평가 후 성폭력 재발방지교육이나 심리치료가 필요하다고 판단된 아이들과 다시 만나게 됩니다. 치료는 다양한 방법으로 하게 되는데, 우선 위기상황에서 자신이 어떻게 행동해야 하는지를 잘 모르는 친구들에게는 낯선 사람을 만났을 때나 혼자 집에 있을 때 등의 상황에서 어떻게 해야 자신의 안전을 지킬 수 있는지 알려 줍니다. 또 누군가 아이에게 나쁜 행동을 한 뒤 비밀을 지키라고 강요할 때를 대비하여 어떤 비밀이 좋은 비밀이고 어떤 비밀이 지키면 안 되는 나쁜 비밀인지를 교육을 해서 아이들이 위험한 상황에서 주변 어른들에게 도움을 청할 수 있도록 해요. 또한 우울증이나 불안장애 등의 정서 문제로 인해 고통을 받는 친구들과 만날 때는 아이들이 가장 힘들어하고 불안해하는 것이 무엇인지에 대해 함께 이야기 나누고, 어려운 상황을 어떻게 지혜롭게 헤쳐 나갈지 문제를 해결해 나갈 수 있는 다양한 방법을 찾아봅니다. 언어로 자신의 속마음을 소통할 수 있을 만큼 성숙한 아이들과는 주로 이야기를 하지만, 아직 자신의 의견을 언어적으로 명확히 표현하기 어려운 어린 친구들과는 놀이를 하면서 아이의 마음과 만나 소통을 하기도 해요.

외상을 경험한 아이들과 만나서 심리평가, 심리치료를 하는 일은 참 어려운 일이에요. 그렇지만 악몽을 꾸며 잠을 잘 못 자던 아이가 점점 잘 자게 되고, 위축되어 자기 의사표현을 잘 하지 못하던 친구가 자신이 원하던 바를 씩씩하게 이야기하고, 학교 가기를 겁냈던 친구들이 이전보다 학교생활을 잘해내면서 외상에서 조금

씩 회복되어 가는 모습을 보면 큰 보람을 느낍니다. 그러나 안타깝게도 모든 아이들의 예후가 좋은 것은 아니에요. 어떤 이유로든 치료가 중단될 때, 초보 치료자는 내가 치료자로서 자질이 부족한 게 아닌가 자책하게 되어 마음이 몹시 좋지 않습니다. 이럴 때는 모든 치료를 성공하기는 어렵다는 현실적인 한계를 받아들이고, 더 나은 치료자가 되기 위해 열심히 공부하고 선배 전문가 선생님들께 사례지도를 받는 것이 현명한 방법이라고 생각해요.

제가 앞으로 이루고 싶은 꿈은 심리치료 분야에 대해 전문성을 갖춘 좋은 임상심리학자가 되는 거예요. 임상심리전문가가 되기 위해 병원에서 3년간 수련을 받을 때는 심리치료보다는 심리평가가 주된 업무였는데, 수련을 마치고 이곳 해바라기아동센터에 와서는 심리평가 못지않게 심리치료도 중요한 업무가 되었어요. 외상을 겪은 아이들과 만나 그들이 받은 심리적 상처로부터 회복하고, 자신이 가진 잠재능력과 삶의 에너지를 충분히 발휘하여 삶을 멋지게 살 수 있도록 돕고 싶어요.

전문성을 갖춘 치료자가 되기 위해서는 기초 심리학적 지식을 비롯해서 심리치료에 대한 이론적 지식 및 임상경험이 풍부해야 해요. 저는 대학원을 졸업했고, 병원에서 수련도 마치기는 했지만, 아직 심리치료자로서의 경험이나 지식이 부족하다고 생각해서 퇴근 후에 선배 전문가 선생님께 사례에 대한 슈퍼비전을 받고, 주말에는 선후배들과 심리치료 스터디를 하기도 해요. 임상경험이 좀 더 쌓이고, 정신병리, 심리치료 등에 대한 이론적 지식도 좀 더 풍부해졌다고 생각될 때 박사 과정 공부를 시작해 보고 싶은 마음도 있어요. 그리고 앞으로 어느 기관에서 어떤 일을 하든지 사람들의 심리적 안녕감 증진에 도움이 되는 역할을 할 수 있는 임상심리학자가 되고 싶은 것이 제 꿈이랍니다.

저는 고등학교 1학년 때 봉사활동으로 재활원에서 장애아동들에게 학습지도를 하고, 영화 〈카드로 만든 집〉을 보면서 특수교사가 되겠다는 꿈을 키웠어요. 그러다 고등학교 2학년 때 영어 공부를 하던 중 에릭 에릭슨Erick Erickson의 심리사회적 발달이론에 관한 글을 접하면서 "와, 세상에 이런 학문이 있구나……." 하는 감탄을 하고 심리학을 전공하겠다고 마음을 바꿔 먹었답니다. 각 연령대별 심리적 특성에 대해 기술되어 있는 글을 보면서 '왠지 이걸 공부하면 사람들의 마음을 좀 더 잘 알 수 있을 것 같다.' '내가 좀 더 멋진 사람이 될 수 있을 것 같다.' 라는 생각이 막연히 들었기 때문이에요.

심리학과가 있는 대학에 진학한 뒤, 진학을 위해 해야만 하는 공부가 아니라 하고 싶었던 공부를 한다는 게 무척 기뻤어요. 대학교 졸업 무렵에는 앞으로 심리상담 및 치료를 하고 싶다는 생각을 했고, 심리치료를 잘하기 위해서는 심리평가도 잘 하는 게 필요하다고 판단해서 대학원에서 임상심리를 전공해야겠다는 마음을 먹었어요.

앞에서도 언급했지만 임상심리전문가 되기 위해서는 대학원을 졸업한 뒤에 병원 등 수련기관에서 3년간 심리평가와 심리치료 등에 대한 수련을 받아야 해요. 저는 첫해 수련에 들어갈 때 1년 계약으로 들어갔고, 이후 2년차, 3년차 때도 1년 계약직으로 들어가 모두 세 곳의 병원에서 수련을 받았어요. 수련을 세 곳에서 받다 보니 매년 연말이 되면 다음 해 수련 받을 병원을 찾아 시험을 보러 다니느라 힘들기도 했지만, 매년 다른 선생님들께 사례를 개념화하는 다양한 접근 방법을 배웠던 것이 사례에 대한 이해의 폭을 넓히는 데 큰 도움이 됐어요. 임상 현장에서 환자와 내담자들을 돕기 위해 또한 후배들을 양성하기 위해 성실하게 열심히 일하시는 존경스러운 슈퍼바이저 선생님들을 만난 것도 저에겐 큰 행운이었어요.

병원수련 3년을 마친 다음에 자격심사를 걸쳐 필기시험과 면접시험을 본 뒤 임상심리전문가 자격증을 따게 됐고, 자격증을 딴 뒤로 현재까지 해바라기아동센터에서 근무하고 있답니다.

앞에서도 언급했지만 임상 현장에서 심리학자로 일하기 위해서는 기초 심리학을 비롯한 심리학적 지식을 많이 알수록 도움이 많이 돼요. 예를 들어, 어떤 아이가 주의산만 문제로 내원했을 때, 아이의 주의력 문제의 원인이 기질적 소인에 있는지, 외상 사건 이후 정서적으로 충격을 받아 일시적으로 주의집중력이 저하되어 있는 것인지, 또는 다른 정서 문제로 인해 이전부터 주의산만 문제가 지속되어 온 것인지 등을 평가하기 위해서는 정신병리학에 대한 지식 및 심리평가 결과 해석에 대한 지식이 풍부해야 해요.

아이들의 주의력 문제는 그 원인이 어디에 있는가에 따라 치료방법이 달라져요. 우선 기질적인 문제가 있다면 의사가 약물치료를 할 수 있고, 심리학자들은 문제 해결 기술을 단계별로 가르쳐 아이들이 충동적으로 행동하기 전에 한 번 더 생각하는 능력을 기를 수 있도록 도와줄 수 있어요. 그러나 만약 우울증이나 불안장애 등 정서 문제에 그 원인이 있다면 우울이나 불안 등 정서 문제에 대한 심리치료를 해야 하기 때문에 각 장애에 대한 치료 방법 등에 대한 공부도 충분히 해야 한답니다.

심리학 공부를 통해 배운 지식은 환자와 내담자를 이해하는 데 활용되기도 하지만, 저 자신과 주변의 다른 사람들의 마음을 이해하는 데 도움을 많이 받아요. 그리고 결혼해서 가정을 꾸리고, 자녀를 키울 때도 심리학에서 배운 지식을 다양하게 활용할 수 있다는 것은 큰 장점이랍니다.

저는 심리학 공부를 하면서 사람의 마음을 이해하는 것이 매우 어려운 일이라는 사실을 알게 됐어요. 얄팍한 이론적 지식만으로 사람의 마음속에서 일어나는 여러 가지 복잡한 사정에 대해 충분히 공감하기 어렵고, 누군가의 아픔에 공감을 한다고 해서 그 사람이 마음의 상처로부터 회복될 수 있도록 도와주기는 쉽지 않아요. 자신의 삶의 경험과 심리학에 대한 전문적인 지식을 자기 것으로 충분히 소화할 수 있을 때, 내담자의 어려움을 더 깊이 이해하고 도움을 줄 수 있다고 생각해요. 그렇기 때문에 대학원을 졸업한다고 해서, 수련을 마친다고 해서 자신이 곧바로 훌륭한 심리학자, 완벽한 치료자가 되기 어렵다는 것을 받아들이고 자신이 뜻한 바를 이루기 위해 꾸준히 노력하는 것이 무엇보다 중요하다고 생각합니다.

삶 자체가 심리학

profile

권기동

교통안전공단 연구위원 · 첨단교통정보처장
홍익대학교 공학 석사(교통공학)
영남대학교 심리학 학사
kwon@ts2020.kr

●●

심리학 전공으로 대학을 졸업하고 병역의무까지 마친 다음 1985년 현재 몸 담고 있는 교통안전공단에 발을 들여놓은 지 26년이라는 세월이 흘렀습니다. 10년이면 강산도 변한다는데 강산이 두 번 이상 변할 만한 시간이 흘러서인지 최근 수년 동안은 제가 심리학을 공부했다는 것을 잊어버릴 정도로 자연스럽게 조직생활과 사회생활을 해 온 것 같습니다. 제가 학창시절 심리학을 배운 것을 바탕으로 직업을 구했고, 일상생활의 바탕에 심리학이 깊이 연관되어 있음에도 말입니다.

그러다 얼마 전 학창시절을 함께 보내고 지금은 대학교에서 심리학 교수로 있는 친우의 추천으로 이 원고 청탁을 받았습니다. 이런저런 내용을 담아 주기를 바란다는 당부에 걸맞는 내용을 담아 드릴 수 있을까 하는 걱정도 되었지만 심리학과 함께 제가 걸어 온 길에 대하여 되돌아 보는 기회로 삼는 동시에 심리학에 관심 있는 후배들에게 도움이 되기를 바라는 마음으로 부족하나마 펜을 잡아 보기로 했습니다.

저는 현재 소속된 기관에서 IT를 활용한 조직 내 정보관리와 국가로부터 위탁받은 대국민 도로 철도 항공 교통과 관련된 종합교통정보관리 및 서비스 제공을 총괄하는 부서장으로 근무하고 있습니다. 그 전에는 신사업추진부서, 조직관리부서, 교통안전연구부서, 교통안전교육부서, 교통의 안전을 위협하는 것들이 무엇인지 진단하여 치료하는 교통안전진단부서 등의 부서장을 맡아 일했습니다.

처음 조직에 발을 들여놓을 때로 되돌아가 보면 이렇게 다양한 분야로 영역을 넓혀 일하게 될 것이라고는 생각하지 못했습니다. 입사할 때 공채시험 응시조건이 심리학을 전공한 자로 제한되었고 입사 후에는 영업용 자동차를 운전하려는 사람이 운전에 적합한 적성을 가지고 있는가를 가려내고 교육, 훈련시키는 분야의 일을 하기로 되어 있었기 때문입니다.

당시 취업을 준비하던 중 우연히 신문의 채용광고를 보고 무엇보다 전공을 살릴 수 있다는 점에서 아주 매력적이라고 판단하여 입사를 지원한 것이 기억납니다. 채용시험 준비는 주로 심리검사 분야에 중점이 있었는데, 서류전형, 필기시험, 최종면접으로 이어지는 일련의 과정을 거쳐 조직의 일원이 될 수 있었습니다.

입사 초기에 맡은 운전자 적성검사 업무는 운전자 요인으로 발생되는 교통사고를 줄이는 데 이바지하는 신나고 재미있는 일이었습니다. 심리학을 전공한 입사동기들과 서로 돕고 협력하는 분위기도 보람을 느끼면서 일하는 데 큰 도움이 되었습니다. 덕분에 영업용 자동차 운전자 적성검사는 그간 발전을 거듭해서 현재는 수동식 아날로그 형태 검사에서 컴퓨터를 활용한 첨단 디지털형 검사로 진화하여 우리나라 교통사고 예방에 큰 기여를 하고 있습니다. 입사 5년차까지 이 분야의 일을 하였는데, 대학에서 심리학을 공부하면서 익힌 조사연구방법론과 통계학이 큰 보탬이 되었습니다. 이 조사연구방법론과 통계처리에 관한 이해와 처리능력은 다른 분야 전공자와 비교하여 심리학 전공자가 갖는 큰 장점 중의 하나라고 생각합니다.

입사 7, 8년차가 되던 1990년대 초반에 교통안전 교육 훈련과 연구 분야 부서로 자리를 옮기게 되었습니다. 물론 회사의 인력운용 방침에 따라 옮기게 되었지만 대학원에서 교통공학을 공부하는 등 나름대로의 자기계발과 경쟁력을 키워 온 것이 긍정적인 영향을 미친 것으로 생각됩니다.

심리학과 교통공학의 만남. 이렇게 하여 교통심리학 분야의 교육과 연구를 담당하게 된 것입니다. 주어진 임무는 불특정 다수인의 수송을 담당하는 영업용 자동차 운전자들이 교통사고를 내지 않도록 교육하고 운전자, 보행자를 보호하고 교통시설 등을 더 안전하게 만들어 가는 방법을 연구하는 일이었습니다.

이 시기에 수행한 일 중에 1990년대 말에 개발 · 보급한 어린이 교통안전을 위한 『초등학교 교사용 교통안전 교실』이라는 가이드북이 특별히 기억에 남습니다. 이 가이드북은 학년별, 과목별, 특별활동 시간별로 선생님이 아이들을 어떻게 지도할 것인가를 구체적으로 담은 것으로 초등학생 교통안전지도를 위한 우리나라 최초의 교사용 종합 가이드북이었습니다. 한해 동안 교통사고로 숨지는 어린이 숫자가 지금은 1990년대 말에 비하여 절반 이상, 3분의 1 수준까지 줄어드는 데 일조하였다는 생각을 하면 지금도 뿌듯함을 느낍니다. 여기에도 심리학을 바탕으로 한 어린이 행동특성 분석 등의 작업이 있었습니다.

제가 언급한 '교통심리학'은 '교통환경이 교통행동에 미치는 영향, 교통사고의 인적 요인 규명, 그리고 운전자와 보행자의 행동을 연구하며 그 결과를 교통 문제에 응용하는 학문'입니다(이순철,

2000).* 교통심리학은 1912년 전차기사 선발용 적성검사의 개발 연구에서 시작되었습니다. 오늘날과 같이 대학에 교통심리학 강좌가 개설되어 대학과 연구소에서 강의와 연구가 시작된 것은 1950년대 초 독일에서부터입니다. 교통심리학을 연구하고 현실에 적용하여야 하는 이유는 매우 많고 다양합니다. 그중 세 가지 정도만 살펴볼까 합니다.

첫째, 예전에는 자동차의 결함이나 교통시설의 미비 등이 교통사고의 주요한 원인으로 이해되었지만, 점차 운전자와 보행자의 행동 오류가 교통사고의 직접적 원인으로 작용하고 있다는 사실이 확인되고 있습니다. 운전자는 왜 과속, 난폭운전을 할까? 왜 신호위반, 음주운전을 할까? 보행자는 왜 무단횡단을 할까? 이런 교통행동이 나타나게 하는 요인을 찾고 잘못된 교통행동을 예방할 수 있는 방안 등이 관심사가 되는 것입니다.

둘째, 물리적인 교통안전시설의 설치와 개선만으로는 교통사고를 충분히 감소시킬 수 없으며, 운전자와 보행자의 태도 및 행동의 변화가 이루어져야만 교통사고 감소가 지속적으로 이루어질 수 있기 때문입니다. 이는 학교의 교육시설의 질과 선생님들의 수준이 매우 높다 하더라도 공부하고자 하는 학생의 의지와 실천력이 뒷받침되지 않으면 학생의 실력이 향상되지 않는 것과 같은 이치라 하겠습니다.

셋째, 정부와 관련기관들이 만들어 내는 교통정책이나 교통행정

---

* 이순철(2000). **교통심리학**. 서울: 학지사.

도 교통참가자인 운전자와 보행자의 태도와 행동을 정확히 파악하여 수행되어야 하기 때문입니다. 예를 들면, 도로교통의 원활한 흐름과 사고예방을 위하여 적용되는 「도로교통법」과 같은 법 만들기나 법 개선하기 또는 정부에서 교통사고로 숨지는 사람을 획기적으로 줄이고자 정책을 시행할 때 문제가 되는 운전자나 보행자의 태도와 행동을 정확히 파악하고 정책을 시행해야 목적을 달성할 수 있을 것입니다.

교통심리학은 이와 같은 이유들로 그 연구가 필요한 것입니다. 그렇다면 연구 과제와 내용은 무엇일까요? 깊게 들어가면 딱딱할 것 같아서 발만 살짝 들여놓기로 하겠습니다. 교통심리학의 연구 과제는 도로와 자동차의 환경정비 문제, 운전자의 심리적 부담과 피로의 문제, 교통사고실태 분석과 사고자 행동특성을 중심으로 한 사고자 문제, 교통법규 위반자 문제, 교육 훈련의 문제 그리고 보행자 교통행동특성에 관한 문제 등입니다. 또한 연구 내용은 운전자가 교통 상황을 눈으로 인식하는 문제, 어떤 사람들이 사고를 자주 내는가 하는 사고경향성의 문제, 운전자나 보행자가 주의력을 배분하는 문제, 교통안전교육과 홍보의 문제, 그리고 환경과 운전자 사이의 상호작용 문제 등 매우 다양합니다.

제가 교통안전 분야의 교육과 연구 업무를 그럭저럭 수행할 수 있는 것에는 심리학에 대한 기초적인 이해가 큰 힘이 되었지만 자기계발을 통해 교통공학 분야의 지식을 쌓은 것도 일조하였습니다. 예를 들면, 심리학의 우수한 조사분석기법과 교통학 분야의 이해를 바탕으로 교통안전 조사분석부서의 장을 맡아 업무를 수행할 때도 그랬고, 교통안전 연구실장을 맡아 업무를 수행할 때도 양자의 결합이 상승작용한 덕분이라고 생각합니다. 교통안전 연구실장을 역임한 후에 창의혁신처를 맡았는데, 이 부서는 조직이 창의적이고 혁신적으로 운영될 수 있도록 조직을 관리하고, 미래를 가꾸어가는 업무를 수행하는 부서입니다. 일도 많고 감당하기 어려운 점들도 있었지만, 그때마다 대학이나 기업체 그리고 관련 분야에서 일하고 있는 심리학 교우들의 도움을 받아 무난히 업무를 수행하고 현재 교통정보를 담당하는 부서장으로 보직이동을 할 수 있었습니다.

현재 부서로 와서 보니 심리학을 전공한 직원이 3명이나 근무하고 있었습니다. 이 부서는 IT를 기반으로 정보화 업무를 수행하는 부서인데 심리학 전공자들은 전산 프로그램개발이나 유지관리가 아닌 기획, 신사업개발 등의 업무를 맡고 있습니다. 모두들 심리학의 우수한 방법론과 사람과 일에 대한 이해를 바탕으로 그간 조직 내에서 열정적으로 일한 점을 인정받고 있구나 하는 생각에 뿌듯하였습니다. 이들은 지금도 업무를 잘 수행하고 있는 것으로 평가받고 있습니다. 심리학이 현장에 다양하게 기여할 수 있다는 사례 중 하나가 아닌가 생각합니다.

세상은 넓고 다양하지만 가만히 들여다보면 모든 것이 관계로 얽혀 있습니다. 이 관계는 사람과 동물, 동물과 식물, 식물과 사람 등으로 이어지는 끝없는 순환고리로 연결되어 있습니다. 생명체들 사이의 이런 순환관계에는 반드시 상호작용이 뒤따르게 마련이며 이 상호작용의 출발점은 심리적 상호작용입니다. 그 결과는 바로 우리가 한순간의 끊어짐도 없이 인식하고 행동하는 기쁨, 분노, 사랑, 즐거움 등으로 우리들의 삶을 그대로 나타내는 것입니다.

따라서 인간의 마음과 행동을 연구하는 학문인 심리학을 필요로 하는 직종도 많이 생겨나고 있습니다. 다른 학문을 공부하여 미래를 가꾸어 나가는 것도 큰 의미를 가질 것이지만, 사람의 삶 자체를 연구 대상으로 하고 삶을 더 가치 있는 방향으로 인도하는 심리학을 공부한다면 인생의 더 큰 의미를 가질 수 있지 않을까 합니다. 선택은 각자의 몫이지만 오늘날의 사회가 다양한 지식을 필요로 하는 복합 사회라는 점을 고려하여, 심리학을 공부하면서 인접 학문 분야에도 관심을 가져 학문 영역을 넓혀간다면 금상첨화가 될 것입니다.

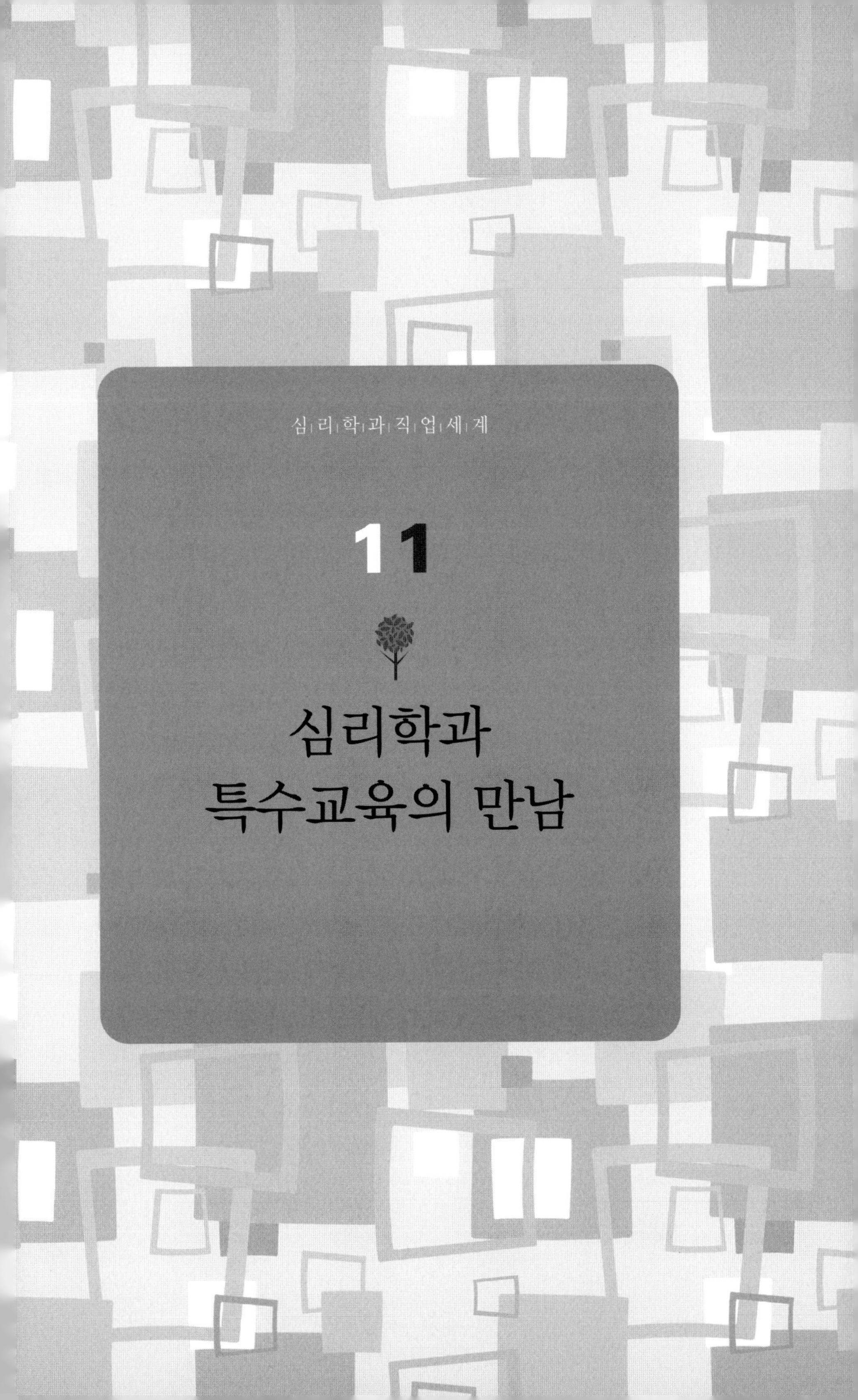

11

심리학과 특수교육의 만남

 profile

김미하

전주자림학교(지적장애특수학교 초 · 중 · 고등학교 과정) 교장
전북특수교육연합회 회장
한국특수교육총연합회 이사
전국사립특수학교장협의회 이사
전북대학교 심리학 박사(임상심리학)
우석대학교 특수교육학과 학사
dream2hv@paran.com

●●

저에게 심리학을 전공하게 된 특별한 이유가 있었던 것은 아닙니다. 다만 대학교에서 교육심리학을 가르치시던 아버지의 영향으로 어릴 적부터 심리학 서적을 많이 접하면서 심리학에 흥미를 가졌고, 인간에 대한 관심이 무엇보다 컸기 때문에 자연스럽게 심리학을 전공해야겠다는 생각을 하게 되었습니다. 미래에 어떤 직업을 갖겠다는 구체적인 계획보다는 공부를 계속하고 싶었고 심리학을 공부하면 저 자신을 알고 다른 사람들을 도울 수 있을 것이라는 막연한 기대를 가지고 전공을 선택하게 되었습니다.

대학원을 졸업한 후 공부를 계속할 것인가 아니면 직장을 가질 것인가를 고민하던 중, 우연한 기회에 특수교육에 대해서 알게 되었습니다. 1980년대 말은 88서울올림픽을 계기로 장애인복지시설과 특수학교가 많이 설립되었고, 사회적으로 복지에 대한 관심이 높아지던 때였습니다. 당시 복지시설을 방문하여 지적장애아동을 만났을 때 처음에는 그들을 대하기가 생소하고 어렵게 느껴졌지만 다시 만났을 때는 그들이 친구처럼 느껴졌습니다. 여러 번 만남을 통해 이들을 도와줄 수 있는 방법이 없을까 생각하던 중 특수교육을 전공하여 장애아동들을 가르치기로 결심하게 되었습니다. 특수교육은 저의 심리학 전공을 살려 직업을 가질 수 있는 일이라고 생각하였습니다. 대학원에서 임상심리학을 전공하여 장애아동의 심리와 치료에 대해 공부를 했기 때문에 다른 사람보다 특수교육의 길로 쉽게 들어설 수 있었던 것 같습니다. 특수교사가 되기 위해 우석대학교 특수교육학과에 3학년으로 편입하여 초등특수교사 자격증을 취득하였고 1990년부터 특수교사의 길을 걷게 되었습니다.

현재 저는 특수학교인 전주자림학교에서 교장으로 근무하고 있습니다. 전주자림학교는 1987년에 설립된 전라북도 전주시에 소재한 지적장애 특수학교로, 초등학교 과정 40명, 중학교 과정 29명, 고등학교 과정 26명의 학생이 재학하고 있습니다. 우리 학교는 지적장애 학생 대상으로 초등학교, 중 · 고등학교 과정에 맞게 교과교육, 직업교육, 치료교육 등을 실시하고 있고, 학생들의 특기 · 적성교육과 잠재능력 계발을 위한 20여 가지의 방과후학교도 운영하고 있습니다. 전주자림학교에서 특수교사로 시작하여 2005년부터 교장으로 재직하고 있습니다.

교장으로서의 업무는 교육과정 운영에 대한 전반적인 통괄 업무로서, 일반 초 · 중 · 고등학교 교장선생님이 하는 일과 대체로 같습니다. 다른 점이 있다면 학생교육에 있어서 심리 행동적인 문제해결을 위한 프로그램 운영, 학부모상담과 교육 업무, 학생들의 직업교육 관련 업무에 더 많은 관심을 가지는 것입니다.

특수교육은 심리학과 교육학이 접목된 학문이라고 할 수 있습니다. 필자는 대학원에서 임상심리학을 전공했기 때문에 장애아동에 대한 이해, 상담 및 치료에 관한 분야는 특수교육학과에 다니면서 따로 공부할 필요가 없었습니다. 그만큼 심리학은 장애아동의 교육과 학교 입무 수행에 많은 도움이 되었습니다. 특수교육 대상아동 중에서도 지적장애 · 자폐 · 정서장애아동의 교육을 위해서는 그들의 심리에 대한 이해가 더욱 필요하기 때문입니다.

특수교육은 심리학의 이론적 접근 방법에 따라 다양한 교수법을 사용할 수 있습니다. 그동안 장애아동 교육현장에 있으면서 심리학을 활용하여 많은 효과를 얻었는데, 행동주의적 접근 방법으로 문제행동 감소를 위해 긍정적인 행동지원을 하였고, 인지행동적 접근 방법에 따라 자기조정 교수전략을 사용하였습니다. 장애아동의 사회적응능력을 기르고 낮은 자존감을 높이기 위해 사회적응기술 훈련과 자기주장 훈련을 실시하여 많은 효과가 있었습니다.

그리고 특수교육 현장에서 더욱 절실하게 알게 된 것은 장애아동 본인뿐만 아니라 부모에게도 적극적인 상담과 심리치료가 필요하다는 점입니다. 그래서 학부모를 대상으로 인지 행동적 의사소통 훈련 프로그램을 실시하였고, 수용-전념치료acceptance-commitment therapy를 사용하여 학부모의 심리적 안녕감 향상에 도움을 주었습니다. 이것은 제 박사학위논문 주제인 「수용-전념 집단치료가 발달장애 어머니의 심리적 안녕감과 우울에 미치는 효과」를 연구하는 과정에서 얻은 지식과 경험이 많은 도움이 되었습니다.

한편 학교의 관리자로 있는 지금, 심리학은 인간관계와 집단역동을 이해하는 데 도움이 되고 있습니다. 다양한 특성의 교직원들과 함께 선도적인 특수학교를 만들어 감에 있어 심리학에 기반을 둔 교직원 상호간 원활한 의사소통이 필수적이기 때문입니다.

앞으로는 좀 더 적극적으로 심리학을 특수교육 현장에 적용해 보려고 합니다. 석사학위를 받고 바로 특수교육으로 진로를 바꾸었기 때문에 그동안 상담이나 심리치료에 대한 전문적인 훈련을 받을 기회가 없었습니다. 앞으로 기회가 있다면 상담집단 훈련을 받거나 심리치료 훈련을 받아 장애아동과 그들의 부모, 가족에게 적용해 볼 생각입니다.

2008년 「장애인 등에 대한 특수교육법」이 제정되면서 장애인 가족지원을 하도록 법으로 정해졌기 때문에 이 부분에 대한 수요가 많을 것으로 예상됩니다. 우리 학교는 장애인 부모 및 형제자매, 가족을 위한 심리상담 프로그램을 개발하고 적용하는 전주 지역 가족지원센터로서 역할을 할 필요가 있다고 생각합니다. 또한 장애인 직업교육 거점학교로서 학생들의 직업재활과 사회적응을 위한 프로그램 개발 및 적용도 향후 지속적으로 노력해 보고자 합니다. 특수교육은 많은 변화의 과정을 겪고 있습니다. 앞으로 통합교육은 좀 더 확대될 것이며, 다학문적인 접근 방법의 사용으로 여러 전문가들이 교육에 참여할 것입니다. 따라서 심리학자는 특수교육의 광범한 영역에서 적극적으로 활동하게 될 것입니다.

심리학은 21세기에 유망한 학문이라고 생각합니다. 끊임없이 정신적 · 심리적 스트레스를 주는 복잡한 현대 사회에서 심리학 관련 직업은 앞으로 더욱 확대될 것이며, 사회적 위상도 높아질 것으로 예상됩니다. 심리학 전공을 살려 취업을 하고자 하는 경우는 이론적인 학문을 지속적으로 공부하는 동시에 상담 혹은 임상 현장에서 수련 과정을 통해 기술적인 전문지식을 갖추어 나갈 필요가 있습니다. 장애아동 심리치료에 관심이 있다면 특수아동 치료센터나 병원장면에서 경험을 쌓을 필요가 있습니다. 심리학자는 특수교육 분야에서 아동의 심리행동치료, 부모상담 혹은 가족치료와 같은 다양한 활동을 할 수 있습니다.

심리학은 매력 있는 학문이지만 쉬운 학문은 아닙니다. 어떤 직종도 마찬가지겠지만 인내와 끈기를 가지고 자신이 선택한 길을 가기 위해 노력할 필요가 있습니다. 심리학은 자신이 선택한 길을 뚜벅뚜벅 천천히 성실하게 걷다 보면 다양한 분야에서 전문가로서 활동할 수 있는 길이 활짝 열려 있는 전망 있는 학문이라고 생각합니다. 무엇보다 확실한 것은 인간에게 관심이 많고 다른 사람을 위해 살아 보고 싶다는 뜨거운 마음이 있다면 심리학의 길에서 그 해답을 찾을 수 있다는 점입니다.

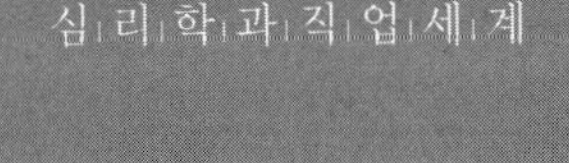

12

임상심리학과 범죄(피해자)심리학의 사잇길

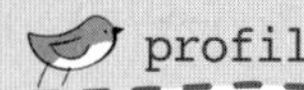

김태경

백석대학교 대학원 특수심리치료학과 교수

법무부 위탁 스마일센터(범죄 피해자치료센터) 소장

법무연수원 및 경찰수사연수원 외래 교수

법원 전문심리위원

서울해바라기아동센터 임상심리전문가 역임

가톨릭대학교 심리학 박사(임상심리학)

psych30@bu.ac.kr

●●

심리학자로서 제가 하고 있는 역할은 크게 두 가지로 나누어 볼 수 있습니다. 그중 하나는 임상심리학자로서 대학에서 학생들을 가르치면서 적응에 어려움을 겪고 있는 사람들을 만나 평가하고 치료하며 연구하는 역할이고, 다른 하나는 수사기관이나 법원의 요청을 받아 범죄 피해자를 만나 이들의 심리와 진술특성에 대해 분석하여 자문을 제공하는 범죄심리학자의 역할입니다. 그리고 2012년부터는 범죄 피해자들의 심리치료를 위해 설립된 법무부 위탁 스마일센터를 운영하면서 범죄 피해자의 회복을 위해 좀 더 많은 힘을 쓰게 될 것 같습니다.

제가 이처럼 임상심리학자와 범죄심리학자—보다 엄밀히 말하면 범죄 피해자심리학이 맞습니다만—의 중간 위치에서 일하게 된 것은 2004년에 여성가족부가 연세의료원에 위탁하여 운영하기 시작한 서울해바라기아동센터에 근무하면서부터입니다. 이 기관은 성폭력 피해 의심 아동 및 장애인을 대상으로 한 심리지원과 법률지원을 함께 제공하는 곳입니다. 하지만 이들 중 일부는 성폭력 피해자임에도 불구하고 객관적인 증거가 없다는 이유로 허위진술자로 의심받고 이들 중 일부는 피해를 의심케 할 만한 근거가 전혀 없는데도 부당하게 피해를 의심하는 사례들이기 때문에 진짜 피해를 입은 아동을 효과적으로 지원하기 위해서는 이 두 집단을 변별하기 위한 타당한 기법을 찾을 수밖에 없었습니다. 그러나 당시만 해도 우리나라에 성폭력 피해 아동의 진술양상, 피해 후유증,

진술신빙성 분석 등과 관련된 연구가 턱없이 부족한 상태였기 때문에 자료수집과 분석부터 새롭게 시작해야만 했습니다. 그렇게 여덟 번째 해가 바뀌었고 제가 그곳을 떠나 대학에 몸담게 된 지금에도 관련 연구와 진술관련 전문가로의 역할은 계속되고 있습니다.

그동안은 심리학자가 형사 사건에 관여하여 자문을 제공하는 경우가 많지 않았습니다. 그러나 현재는 이 영역에서 일하는 심리전문가에 대한 수요가 급속히 증가하고 있는 추세입니다. 이러한 추세는 최근 끔찍한 아동 및 장애인 성폭력 사건이 언론을 통해 세상에 보고되면서 사건의 수사 및 재판 과정에 대한 대중의 관심 고조, 아동 및 장애인의 특성상 심리학자의 조력이 절실하다는 공감대가 형성되면서 법원뿐 아니라 경찰과 검찰에서 자신들의 상황에 맞게 심리전문가들과의 연계를 활성화하기 시작한 점, 그리고 이러한 사회적 분위기를 반영하여 2010년 4월 15일 재정된 「성폭력 범죄의 처벌 등에 관한 법률」에서 성폭력 피해자가 13세 미만이거나 신체적 혹은 정신적 장애로 사물을 변별하거나 의사를 결정할 능력이 미약한 경우 전문가에게 피해자의 정신 · 심리 상태에 대한 진단 소견 및 진술 내용에 관한 의견을 '의무화' 한 규정 등과 관련이 있습니다. 이 규정에 따라 현재 검찰과 경찰에서 다양한 영역의 심리학자로 구성된 전문가 인력풀을 구성하여 활용하고 있습니다.

심리학자에게 자문이 자주 의뢰되는 쟁점들에는 피해자의 진술능력 평가, 진술 신빙성평가, 피해자의 지적 기능, 사건 당시 및 사건 이후의 심리상태, 그 밖에 피해자의 진술 및 심리적 특성 설명예를 들어, 진술을 번복하게 된 심리적 이유, 지적장애가 항거불능의 원인이라고 볼 수 있는지 등이 있습니다. 이러한 질문에 답하기 위해서는 인간발달, 인지 및 기억, 정신병리, 심리평가, 성폭력 피해자의 진술 및 심리적 특성, 성폭력 사건의 수사 및 재판과 관련된 법적 지식과 경험이 요구되며, 피해자학에 대한 지식과 임상경험이 매우 중요합니다. 이러한 이유로 아동 및 장애인 성폭력 사건 관련 영역에서 임상심리학자 혹은 범죄 피해자 심리학자의 역할에 대한 기대가 더욱 크게 고조되고 있습니다.

이 그림은 낯선 사람에게 납치되어 공원 화장실에서 신체적 상해를 동반한 성폭행을 당한 뒤 버려져 의식을 잃은 상태로 발견된 초등학생이 사건 후 1년이 지난 뒤에 그린 그림입니다. 발견 직후에 아이는 사건에 대해 비교적 잘 진술할 수 있었지만 첫 번째 산부인과 수술을 받은 뒤로는 사건에 대한 기억 전부를 잃었습니다.

심리적 외상 사건 이후에 피해자들에게서 나타나는 심인성 기억 상실증이었습니다. 오래지 않아 가해자가 잡혔지만, 수사 절차상 아동으로부터 진술을 들어야만 했던 수사기관은 당혹해했고, 결국 저에게 자문을 의뢰했습니다. 전문가로서 저는 수사 초기부터 개입하여 사건 직후 심리적 위기개입서비스를 제공하고, 진술조사사건에 대한 피해자 진술을 청취하는 과정의 계획과 수행 단계에서 아동의 심리상태에 대한 의견을 제시하였으며, 진술조사 후 심리치료를 진행하면서 수사기관의 요청에 따라 사건 후의 심리상태에 대한 의견서를 제출하였고, 법정에 출석하여 아동의 사건 직후 및 현 심리상태에 대해 증언하였습니다. 가해자는 무기징역을 선고받아 현재 복역 중입니다. 아동은 1년 후에 사건에 대한 기억의 90%를 회복하였고, 지금까지 만나기조차 두려웠던 사건과 관련된 부정적 감정들에 직면할 수 있는 용기도 가지게 되었지만 아직까지도 사건과 관련된 자극에 노출되는 경우 간간이 해리 증상을 보이고 있습니다. 앞의 그림은 아이가 1년 뒤에 사건에 대해 떠올리면서 당시에 경험했던 감정을 표현해 낸 것으로, 왜 아이가 1년 전에 사건 기억을 해리시킬 수밖에 없었는지를 잘 보여 주고 있습니다.

정신장애인 사례를 하나 더 들어 보겠습니다. 15년 동안 정신분열병으로 입원과 퇴원을 반복하며 정신과 치료를 받던 40대 후반의 여성이 늘 집안에서만 지내다가 갑자기 취직을 해야겠다는 생각이 들어 밖에 나갔다가 평소 잘 알고 지내던 남자에 의해 모텔로 유인되어 성폭행을 당한 사건입니다. 그런데 객관적인 정보상 사건 당시 피해자가 적극적으로 노력하면 얼마든지 피해를 면할 수 있는 상황이었고 피해자도 이를 인정하고 있었으며, 수사관의 식견으로는 피해자에게 상황판단능력과 대응능력에 심각한 손상이 있어 보이지 않았으므로 피해자의 정신장애가 항거불능의 원인으로 작용했는지 여부가 주요 쟁점으로 부각되었습니다사실 장애인이라는 것만으로 항거불능이 인정되어야 하나 현실적으로는 아직 그렇지가 못합니다. 따라서 피해자의 행동과 진술을 분석하여 당시의 정신상태를 추론해 내는 작업이 이루어졌습니다. 그런데 피해자는 제법 어려운 수준의 단어를 사용하면서 유창하게 진술하여 정신병리에 대한 지식이 없는 사람이 잠깐 보기에는 큰 문제가 없어 보였습니다. 그러나 임상가인 제가 관찰하기로는 피해자의 언어와 사고 및 지각의 장애가 심각하였으며, 사건 당시에는 이 증상이 더욱 심하였을 것으로 판단되었습니다. 지목된 가해자는 평소 이 사람과 자주 접촉하였던 자이므로 피해자의 이러한 문제를 충분히 인지하고 있었을 가능성이 매우 높았습니다. 결국 가해자는 피해자의 정신장애를 이용하여 유인한 후 성폭행한 것으로 최종 평가되었습니다.

이처럼 범죄피해 관련 영역에서 임상심리학자의 역할은 매우 다양하면서도 중요합니다. 물론 휴먼 서비스를 제공하는 임상가로서 가지는 마음자세와 중립적이고 객관적인 입장을 고수해야 하는 진술조사나 진술분석가로서 가지는 마음자세는 달라야만 하며, 이 때문에 실무에서 간혹 어려움을 겪기도 합니다. 마음가짐뿐 아니라 지식과 경험에서도 차이가 있습니다. 병원이나 개인 클리닉 등에서 활동하는 임상심리학자와 달리 수사적 장면에서 자문을 제공하는 임상심리학자는 중립성과 함께 관련 법적 지식과 경험이 필요합니다. 또한 아직까지는 법적 테두리 밖의 전문가를 보호하기 위한 제도가 마련되지 못한 상태이기 때문에 신변보호의 문제도 남아 있습니다. 하지만 제가 법정 증언을 위해 새벽 기차를 타고 땅끝마을을 두 번이나 오가는 수고를 하면서도 번거로움보다는 보람을 느끼는 이유는 이러한 수고가 약자를 돕기 위한 것이기 때문일 것입니다.

이렇듯 아직까지는 넘어야 할 산이 많고 이와 관련된 전문가의 역할 모델에 대한 충분한 논의조차 이루어지지 못한 상황이기는 하나, 아동이나 장애인이 연루된 범죄 사건이 급증하고 있기 때문에 이 영역에서 심리학자의 역할에 대한 기대는 향후 지속적으로 높아지리라 생각됩니다. 이는 여성가족부와 대검찰청이 협약하여 아동진술조사 관련 전문가 양성 교육을 진행 중에 있는 등 각 기관에서 관련 전문가 양성에 많은 에너지를 쏟고 있는 것에서도 잘 드러나며, 법원에 위촉된 전문심리위원 중 심리전문가가 6%에 불과한데도 형사재판에서 전문심리위원이 관여한 사건 중 70% 이상에서 심리전문가가 참여한 것으로 나타나고 있다는 보고(김현석, 2010)*에 의해서도 확인됩니다.

이와 같은 역할을 수행하기 위해서는 심리학에 대한 지식이 절대적으로 필요합니다. 따라서 대학 시절부터 심리학적 지식을 폭넓게 쌓는 것이 중요합니다. 저의 경우 대학 때 심리학과를 다녔지

---

* 김현석(2010). 우리나라 법정에서 심리전문가의 역할과 기대. 한국심리학회 연차학술대회 자료집.

만 흥미 있는 과목에만 열중하였을 뿐 나머지 과목에는 매우 소홀히 임했었는데, 나중에 그것을 무척 후회했습니다. 범죄 피해자는 임상집단환자집단과 비임상집단비환자집단의 중간에 위치하는 특성을 보입니다. 그렇기 때문에 이 영역에서 일하는 심리학자들에게 정신병리에 대한 이해와 임상경험은 아주 큰 무기가 될 수 있습니다. 심리학적 지식을 쌓은 뒤 꾸준히 현장에서 경험을 쌓고, 전문가에게 지도감독을 받는다면 어느 순간 훌륭한 임상심리학자이자 범죄 피해자심리학자가 될 수 있을 것이며, 그러한 역할이 주는 보람 또한 다른 어떤 것에 뒤지지 않을 것이라 생각합니다. 현재 심리학자에 대한 수사기관의 수요 급증에 비해 검증된 전문가가 터무니없이 부족한 실정이기 때문에 기초부터 튼실하게 공부하여 전문지식을 쌓는 후배 심리학도들의 도전이 너무도 간절합니다.

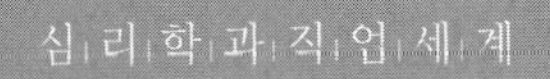

13

가능한 한 만족스러운 삶을 위해

 profile

김진성

한국청소년상담원 드림스타트 TF
경기도 광역 정신보건센터 정신보건 임상심리사 역임
고려대학교 심리학 석사(임상심리학)
frejs@hanmail.net

●●

저는 한국청소년상담원 드림스타트팀에서 근무하고 있습니다. 제가 근무하고 있는 한국청소년상담원은 1990년 체육부청소년종합상담실로 첫발을 내딛은 기관입니다. 청소년의 올바른 인격형성과 조화로운 성장을 위한 상담 활동과 상담기법 연구, 개발 및 보급, 상담인력양성, 그리고 위기 및 소외 청소년 통합지원 등을 수행함으로써 국가발전에 이바지할 수 있는 청소년 육성에 기여하는 기관입니다. 내용이 너무 형식적이라서 쉽게 이해되지 않나요? 간략하게 말하면 한국청소년상담원은 전국 청소년 상담 · 복지 관련 기관을 총괄하는 중추기관으로 일반청소년, 위기청소년, 취약계층 청소년을 위한 국가차원의 정책 업무를 수행하는 곳입니다.

한국청소년상담원 안의 드림스타트팀이 제가 근무하는 부서입니다. 드림스타트는 0~12세까지 저소득층 자녀지원을 위한 국정핵심 과제로 빈곤아동의 성장 발달에 필요한 서비스를 제공하여 궁극적으로 가난의 대물림을 차단하고 모든 아동에게 공평한 출발 기회를 보장하자는 취지로 신체적 · 인지적 · 정신적 서비스를 제공하는 기관입니다. 현재 전국에 131개의 드림스타트센터가 있으며, 저는 전국 131개 센터가 잘 운영될 수 있도록 도와주는 사업 지원단에서 교육 업무를 맡고 있습니다. 따라서 주로 하는 일은 전국의 드림스타트센터 실무자들이 저소득층 아동을 잘 관리하고 적절한 서비스를 제공할 수 있도록 건강 영역, 인지 영역, 정서 영역 등에 교육을 제공하는 일입니다. 이러한 업무 이외에도 주기적으로 청소년들에게 상담을 하고 있습니다.

개인적으로 드림스타트사업이 매우 의미 있다고 생각하는데, 일부 저소득층 아이들이 환경이나 경제적인 원인으로 세상에 대한 부정적인 시각을 고정시킬 수 있는 시기에 제도적으로 긍정적인 서비스를 제공한다는 측면에서 매우 중요하다고 생각됩니다. 그리고 이러한 중요한 일을 기획하고 평가하는 과정에 함께 한다는 생각에 가슴 벅차기도 하지만, 한편으로는 어깨에 묵직한 책임감이 느껴지는 것도 사실입니다. 제가 언제부터 이와 같은 취약계층에 관심을 보였는지 살펴보면 삶에 대한 의미를 생각하던 시점이라고 생각됩니다.

보편적인 사람이라면 '누구나 내가 왜 살아야 할까? 무엇을 해 먹으며 살아야 할까?' 와 같은 원초적인 질문을 삶의 터닝 포인트 turning point에 심각하게 해 볼 거라 생각합니다. 물론 이러한 다소 철학적인 질문에 정답은 없습니다. 저의 경험을 되짚어 본다면 지금까지 심각하게 세 번을 고민했던 것으로 기억합니다. 맨 처음은 초등학교 시절 막연하게 죽음에 대한 두려움을 느끼면서 동시에 삶에 대해 고민했던 때로 생각되며, 그 이후엔 고등학교 3학년 시절 대학 선택을 앞두고 '어느 대학교, 무슨 과를 선택할까?' 를 고민하면서 삶의 근원에 대한 질문을 해 본 것이 기억납니다. 물론 두 번 다 아무런 결론에 도달하지 못하고 조금 생각하다가 머리가 아파 현실의 다른 걱정으로 넘어갔었지요. 그리고 마지막으로 대학을 졸업하면서 '나는 왜 살까? 무슨 일을 하면서 살아가야 할까?' 를 고민했습니다. 그때 도달한 생각은 다음과 같습니다.

> 가능한 한 만족스러운 삶을 살아야 하는데, 그러기 위해서 경제적인 풍요로움만으로는 충분하지 않다. 돈이 많아도 불행한 사람은 너무나 많다. 따라서 내가 정한 금전적인 욕구가 충족된다면, 내가 하는 일에 스스로 만족감을 느껴야 하고, 동시에 타인에게 도움이 되어야 한다. 그래야 만족스러운 삶이 가능하다.

이러한 생각에 도달한 결과 처음에 일을 시작한 곳은 아동 요양시설이었습니다. 아동 요양시설은 정신 및 신체 장애를 가진 아이들을 위탁받아 생활하는 기관으로 지금으로부터 10여 년 전에는 서비스의 개념과 치료의 개념이 매우 미약하여 아이들을 치료한다는 의미보다는 수용한다는 의미가 더 강했던 것으로 생각됩니다. 지금과 비교하면 환경이 매우 열악했는데, 그때 장애아동들과 함께 동거동락했던 18개월의 시간은 개인적으로 매우 만족스러웠던 기억이 납니다. 물론 처음에는 정신적인 문제가 있는 아이들이 내가 자는 동안 위협적인 행동을 하는 것은 아닌가 하고 걱정이 돼 3, 4일을 잠을 이루지 못하기도 했습니다. 하지만 함께 자고, 먹고, 생활하는 동안 대부분의 문제는 장애 아이들에게 있는 것이 아니라 정상인이라고 불리는 저에게 있었습니다. 아이들이 제 뜻대로 행동하지 않으면 무작정 소리부터 지르고, 화내는 저 자신이 문제였습니다. 같이 생활한지 한 6개월 정도 지나 스스로에게 내가 무엇 때문에 아이들에게 화를 내는가를 가만히 생각해 본 후 가슴 깊이 뉘우치는 시간을 가졌습니다. 이후 함께 생활하던 7명 아이들과의 관계는 눈에 띄게 좋아졌습니다. 하지만 그 당시 산업교육을 전공하였기 때문에 아이들에게 상담을 해 주거나, 심리적인 문제 치료에 도움을 줄 수 없었기에, 당시 다니던 요양원을 그만두고 심리학을 다시 공부하기로 결심하였습니다. 그 이후 대학원에서는 임상 및 상담을 전공하게 되었습니다.

심리학이라는 학문이 인간에 대한 이해의 범위를 넓힐 수 있다고 생각한다면, 인간과 관계를 형성하는 어느 분야에서든 심리학은 도움이 될 것이라고 생각됩니다. 하지만 이러한 인간에 대한 이해를 바탕으로 여러 가지 환경적, 심리적으로 열악한 대상에게 도움이 될 수 있는 분야에서 일하는 것은 다른 어느 분야보다 매우 가치 있고 중요한 삶이라고 생각합니다. 개인적으로 임상심리와 상담심리에 대한 공부는 현재 일하고 있는 저소득층 대상 복지사업에 큰 도움이 된다고 느낍니다. 저소득층 아동의 심리적인 특성은 무엇인가? 이 아이들이 학교에서 느끼는 심리적 · 환경적 어려움은 무엇인가? 가정에서 아이들이 원하는 것이 무엇인가? 그리고 이런 여러 가지 문제를 해결하기 위해서 실제 드림스타트센터 담당자들이 어떠한 교육을 통해서 훈련되어야 하는가를 예측하고 검증하고 고민하는 업무에 심리학적 자질은 매우 중요하다고 생각합니다. 아울러 이러한 고민의 결과를 실제 업무에 적용하여 그 효과를 검증한다면, 그 이후 청소년 복지사업의 정책 결정에 핵심적인 방향성을 제시할 거라 생각합니다.

14

보이지 않는 마음을 그려 내는 심리학

profile

김성철

미래병원 임상심리 팀장
마음누리 학습클리닉 실장 역임
에듀솔류션 학습클리닉 소장 역임
마인드21 심리-학습클리닉 소장 역임
대구대학교 재활심리학 학사 · 석사(재활심리학: 신경심리학)
k770302@naver.com

●●

누구에게나 그렇듯이 대학 진학 시 어떤 과를 선택하느냐 하는 것은 앞으로의 자신의 삶을 어떻게 살게 될지를 결정하는 중요한 일이기에 신중하게 선택하게 됩니다. 그 당시 저는 막연히 재활심리학을 전공하면 사람들이 좀 더 행복하게 살 수 있는 비결을 알 수 있지 않을까 하는 생각으로 선택하였습니다.

대학시절에 김홍근 교수 연구실에서 실습생으로 있으면서 배운 많은 것들 중 가장 기억에 많이 남는 것은 심리검사법을 익힌 것이었습니다. 관리기능검사, 기억검사, 주의력검사, 지능검사 등 신경심리검사에 대한 트레이닝을 받았고, 또한 치매 환자, 교통사고 환자, 알코올중독 환자 등 다양한 피검사자를 대상으로 신경심리검사를 하였습니다. 주변 친구들과 저 자신에게 검사를 적용해 보기도 하고, 모두가 같은 양상의 결과가 나오지 않는 당연한 이치를 신기하게 생각하였습니다. 하지만 연구실 책상 앞에서 정상과 비정상의 수치 비교는 할 수 있었어도 그것이 실제로 와 닿지는 않았습니다. 사실 심리학에서 말하는 정상과 비정상의 명확한 구분은 상당히 어렵습니다. 왜냐하면 대부분의 사람들은 어느 정도 개인적 고통을 경험하고, 한 번쯤은 이탈된 행동이나 부적응적 행동을 할 수 있기에, 정상과 이상은 일련의 연속선상에 있다고 볼 수 있기 때문입니다. 앞에서 언급한 검사들은 인간의 소프트웨어, 즉 뇌 기능을 수치상으로 나타내 주거나, 또는 인간의 삶에서 일시적으로든 병리적으로든 진행되는 비정상의 요소를 찾아내고 진단하는 데 도움이 되는 검사입니다.

다양한 심리검사는 단순히 검사 결과 자체를 파악하는 것 이상의 의미로, 개인의 성격과 가치관, 과거와 현재를 보여 주고, 때로는 비정상의 시작을 발견하는 과정이므로 상당히 흥미롭고 의미 있는 작업입니다.

대학 졸업 후 국립부곡병원당시 국립부곡정신병원에서 정신보건 임상심리사 수련을 받았는데 그곳에는 일반 정신과뿐만 아니라 약물중독, 알코올 중독 및 노인정신과가 있어 다양한 환자군을 대상으로 심리평가를 실시하였습니다. 지금 생각해 보면 그 당시 만성 정신병과 알코올 중독으로 인한 일시적인 환각 등을 감별하거나, 우울증이나 약물, 알코올 등에 의한 인지기능 저하를 신경심리학적 시각관리기능, 기억력, 주의력, 지능에서 다루어 보았던 것이 현재 임상심리사로서의 경력에 초석이 되었다고 여겨집니다.

대학원을 마친 후 많은 친구들은 병원이나 센터 등으로 취업하였지만, 저는 쉽지 않은 창업의 길을 선택하였습니다. '마인드21 심리-학습클리닉 센터'를 경남 창원에 오픈하고 신경심리학과 인지심리학을 바탕으로 기존 방식과는 차별화된 학습전략 프로그램을 개발하였습니다.

밤낮없이 연구하고 일하면서 드디어 학습부진으로 고민하는 초·중·고등학교 학생들을 변화시켜 학업 성취도를 높여 주는 성과를 내게 되었습니다. 또한 지능, 성격, 학습유형, 진로 등 신뢰할 수 있는 검사들을 통해 학습 부진의 원인을 발견하여 이를 바탕으로 치료의 효율성을 높일 수 있었습니다.

그러면서 틈틈이 전남대학교, 백화점 문화센터, 경남 미술치료 교육센터, 청소년 폭력예방재단 등의 기관에서 학생과 학부모들을 대상으로 특강을 통해 스스로 공부하는 방법과 학습전략의 필요성에 대한 인식을 고취시키는 활동을 꾸준히 했습니다.

그런데 오로지 '열정'과 '도전' 정신만으로 시작하여 많은 학생들이 도움을 받게 되자, 교사를 더 많이 채용하는 등 규모를 키우다 보니 의견은 갈라지고, 저의 리더십 부족도 한몫을 차지하여, 점차 시간이 지나면서 사업 운영에 미숙함과 경험 부족으로 인한 어려움을 겪게 되었습니다. 특히 경제적 감각이 부족했던 저는 경영난으로 인해 결국 사업을 접어야 했습니다.

좀 더 경험을 쌓기 위해 직장생활을 해야겠다는 생각에 김제에 위치한 950병상 규모정신과 700병상, 노인요양 250병상의 병원에 입사하여 정신보건 임상심리사로서 정신질환자, 치매노인의 심리평가 및 프로그램 진행 등의 업무를 진행하기도 했습니다.

그러던 중 병원 내에서 정신병 환자들에게 실시되고 있는 치료 프로그램 향상과 시스템의 개선에 대한 필요성을 인식하게 되었고, '미래병원 프로그램 활성화를 위한 기획안'을 제안한 것이 채택되어, 정신보건 전문요원 팀장 직책을 맡아 치료 프로그램 개발과 시스템 구축에 전심전력하였고, 현재는 건강보험심사평가원과 타 정신병원의 인정을 받을 수준의 병원 프로그램 시스템을 마련하였습니다.

병원 안에서의 심리평가나 상담과 같은 역할뿐만 아니라 지역사회 내에서 더 크고 폭넓게 활동할 수 있는 것을 실천하고 있습니다. 사회생활 적응에 제한점과 곤란을 지니고 있는 정신과 환자에게 직업적, 사회적으로 도움을 줄 수 있는 일에 대해 많은 고민과 공부가 필요할 것으로 생각합니다.

더욱이 정신과 환자들에 대한 사회적 편견의 벽을 허무는 것에 대해서도 많은 노력이 필요한 때입니다. 사실 정신과를 다니는 사람들은 아직도 자신의 진료기록이 알려질까 불안해하고, 대규모 정신병원에 대한 지역사회 주민들의 '님비현상' 은 아직도 사라지지 않고 있습니다. 사고로 다리 골절상을 입으면 정형외과에 가서 수술을 받는 것과 정신적 문제로 정신과에서 치료를 받는 것을 같은 상황으로 받아들이도록 개개인은 물론 사회 전반에 걸친 인식의 전환이 필요합니다.

흔히 사람들이 정신병이라 부르는 심리장애에 대한 사람들의 편견이 바뀌야 합니다. 심리장애는 개인이 통제할 수 없는 유전, 가족 배경 및 스트레스와 같은 많은 요인의 상호작용으로 나타나므로 심리장애를 개인적 단점으로 생각하는 편견은 버려야 합니다. 정신과적인 치료가 실패할 수도 있지만 지속적인 치료를 받으면 정상적이고 생산적인 삶으로 되돌아갈 수 있으므로 심리장애는 치료할 수 없다는 생각은 잘못된 고정관념입니다. 심리장애가 있는 사람들을 흔히 폭력적이고 위험하다는 생각도 역시 잘못된 것으로 정신질환과 폭력과는 상관관계가 없다는 사실이 보고된 바 있습니다.

심리학을 전공하면 여러 분야에서 다양한 일에 종사할 수 있는 기회를 얻게 됩니다. 학습상담클리닉을 오픈하여 소장이나 센터 장으로 일할 수 있고, 각 센터에서 상담사로, 보건소나 기관연구소에서 심리사나 심리학자로, 또한 병원에서 임상심리사, 정신보건임상심리사 등으로도 일할 수 있습니다. 각각 하는 일이나 접하는 사람들은 다르지만, 모든 일의 공통분모는 인간 심리의 깊은 이해와 인간의 내적 성장을 위한 끊임없는 연구가 필요하다는 것입니다.

심리학의 무한한 발전과 끊임없는 업그레이드는 분명 인간의 삶의 질을 높여 줄 것입니다. 앞으로 많은 인재들이 이 길을 선택함으로써 심리학의 눈부신 발전이 빠른 시일 내에 이루어지기를 기대해 봅니다.

15

도박중독! 심리치료 가능한가?

 profile

한영옥

KRA 유캔센터(한국마사회 소속) 선임 연구원
미국 University of Wisconsin 아동 및 가족학과 post-doctor
서울여자대학교 교육심리학 박사(임상 및 상담 심리학)
상담심리전문가, 임상심리전문가, 정신보건임상심리사 1급, 중독심리전문가
hyo8116@hanmail.net

●●

저는 습관성도박치료전문기관인 한국마사회 소속 유캔센터에서 임상심리학자로 근무하고 있습니다. 유캔센터는 1998년 국내 최초로 설립된 습관성 도박중독치료 전문기관으로 경마 이용의 건전성을 제고하고, 다양한 유형의 도박 문제로 인해 어려움을 겪고 있는 일반인들에게 전문적인 심리상담과 재활지원서비스를 제공하고 있습니다.

습관성 도박은 흔히 도박중독이라고 일컬어지고, 정신장애의 진단 및 통계적 편람DSM-IV-TR, 2000에는 병적 도박이라는 진단명으로 등재되어 있고 충동조절장애로 분류되는, 반드시 전문적인 치료가 필요한 정신과 장애 중 하나입니다. 그러나 도박중독에 대한 대중의 이해는 40~50년 전 알코올중독에 대해 이해했던 것과 비슷한 수준입니다. 국내에서 가장 큰 규모의 20,175명을 대상으로 이루어진 한 병적 도박 유병률 연구에 따르면 우리나라 병적 도박 유병률은 0.9%이며 이를 성인 인구 대비로 추정하면 약 33만 명에 이릅니다. 이 추정 인구가 적은 편이 아닌데도 도박중독치료센터나 정신과 등 치료기관에 내방하여 치료를 받는 경우는 다른 정신장애에 비해 그 비율이 상당히 저조하다고 할 수 있습니다. 이러한 이유 중 하나는 병적 도박 문제를 과소 평가하거나 병적 도박을 치료가 필요한 장애로 보지 않는 이 장애에 대한 인식 부족 때문일 것입니다.

가장 보편적인 도박중독치료는 병적 도박중독자 개인을 대상으로 한 집중적인 개인상담이라고 할 수 있으며 이것이 가장 효과적인 치료 방법이라는 점에는 의심의 여지가 없습니다. 그러나 도박중독자 치료는 쉬운 일이 아닙니다.

모든 중독자들이 그러하지만 특히 도박중독자들은 자신의 중독 문제를 인정하지 않습니다. 자신의 문제를 인정하지 않기 때문에 자발적으로 상담소에 내방하는 사람도 매우 드물다고 할 수 있습니다. 주로 가족에 의해 반강제적으로 끌려오는 경우가 대부분입니다. 습관성 도박중독자가 내방하면 도박중독진단검사를 통해 도박중독의 심각성 정도를 평가하고 진단을 합니다. 도박중독과 관련된 심리적 문제를 평가하기 위해서 성격검사 등 제반 심리학적 평가를 합니다. 평가를 거친 후에 개인 심리치료로 들어갑니다. 개인 심리치료는 주 1회 50분에서 1시간가량 상담자와 내담자의 일대일 심층면담으로 진행됩니다. 이 과정에서 도박중독자들이 자신의 도박 문제를 인식하도록 돕는 과정, 상담에 대한 동기강화, 도박에 대한 비합리적 사고에 대한 수정, 스트레스 관리, 여가관리, 재정상담, 재발방지 등을 다루게 됩니다. 개인 심치치료 이외에 약물치료, 집단상담, 가족치료, 부부치료 등 다양한 치료법이 있고 환자의 개인 상태에 따라서 맞춤형 치료를 할 수 있습니다. 이렇게 자신의 문제에 대한 인식이 부족하고 치료 동기 또한 낮은 도박중독자를 진단 및 평가, 심리상담을 하는 것이 저의 주 업무입니다. 도박중독자를 가족 구성원으로 둔 가족들의 고통 또한 심각하기 때문에 도박중독자의 가족 구성원에 대한 가족교육 및 심리치료도 제공하고 있습니다. 또한 도박중독 관련 연구 및 도박중독

예방사업도 하고 있으며, 중독에 관련된 정책 제안, 중독예방이나 치료모형 및 구체적인 프로그램 개발 업무를 담당하고 있습니다.

워낙 도박중독자의 치료가 어렵다는 것이 정평이 나 있는 터라 새삼스러울 것은 없지만 현장에서 치료 동기가 낮은 내담자와 상담할 때 에너지가 고갈되곤 합니다. 회복되었다가 다시 재발하여 치료를 거부하거나 치료장면에 다시 오지 않을 때 상담자의 좌절은 말할 수 없이 큰 편입니다. 그러나 이렇게 힘들고 고된 작업을 통해 치유되는 내담자들 또한 많은데, 이러한 내담자들이 도박중독에서 벗어나는 것뿐 아니라 삶의 가치가 변화하고 인격이 성장하는 모습을 볼 때 상담자 또한 성장하며 어려운 만큼 기쁨과 보람은 배가 됩니다.

도박중독상담은 심리치료 및 상담 분야 가운데 매우 특수한 영역이기 때문에 심리학자들에게 관심을 많이 받지 못하고 있는 것은 사실입니다. 저는 우연한 기회로 도박중독상담 분야에서 일하게 되었습니다. 처음에 도박중독상담 현장에서 일하는 것에 대해 두려움 반 호기심 반이었습니다. 왠지 전문성이 더 필요할 것 같은 도박중독에 대해 별로 아는 바가 없는데 잘 할 수 있을까? 하는 걱정에서 비롯된 두려움이 있었던 반면 새로운 출발과 도전에 대한 호기심 또한 컸습니다. 저는 도박중독상담 현장에 오기 전에 다양한 상담 현장에서 일한 경험이 있습니다. 우선 심리학과를 졸업하고 임상 및 상담심리 전공의 석사 · 박사 과정을 졸업하였습니다. 현장 경험으로는 석사 졸업 후 대학병원 정신과에서 임상심리 수련 과정을 마치고 임상심리전문가 자격증을 취득하였습니다. 전문가 자격증 취득 후 소아청소년정신과에서 아동 및 청소년의 심리검사와 부모상담을 담당하였고, 가정법원에서는 가사조사관으로서 이혼하는 부부의 상담 및 조정 업무를 하였습니다. 또한 대학 상담현장에서 대학생의 심리 · 진로 상담을 해 오다가 도박중독상담현장으로 일터를 옮기게 된 것입니다. 다양한 현장에서의 상담 경험과 내담자에 대한 애정, 도박중독이 치료될 수 있다는 치료에 대한 강한 신념으로 인해 시간이 지남에 따라 안정적으로 일할 수 있게 되었고 도박중독상담에 대한 자신감도 생겼습니다.

도박중독상담 분야에서의 업무를 수행하는 데 있어 이상심리학, 임상심리학, 심리검사, 가족치료 등의 심리학 영역이 실제적으로 도움이 많이 되었습니다. 제가 공부할 당시만 해도 중독심리 관련 과목이 개설되지 않았었고, 매우 생소한 분야였습니다. 그러나 요즘에는 중독 관련 학과는 물론 일반 심리학과에서도 중독심리 및 중독상담 과목들이 증설되고 있는 추세입니다. 중독상담 분야에 관심이 있는 예비 심리학도들이 중독 관련 학과 및 심리학과에서 개설되는 중독심리 관련 과목을 수강해 둔다면 향후 중독 관련 분야 자격증을 취득할 때 중독심리사한국심리학회 산하 중독심리학회 교육과정을 면제받는 혜택을 받을 수 있으니 준비해 두면 좋을 것입니다. 또한 다양한 현장 경험을 통해 실무 감각을 익히는 것이 특히 상담 분야에서는 매우 중요하고, 꼭 필요하다고 볼 수 있습니다. 심리학이 사람을 이해하는 학문인 만큼 다양한 사람들을 만나고 접촉하면서 이론에서 배운 바를 직접 확인하며 풍부한 경험을 쌓는 것이 필수적임을 다시 한 번 강조 드립니다. 분명히 관련 기관에서의 자원봉사, 단기교육 등을 비롯한 다양한 경험은 실제 현장에서 일할 때 소중한 자원과 밑거름이 될 것입니다.

심리치료 분야가 전문 영역이라 석사 후 관련 기관에서의 현장 경험을 거쳐 전문학회에서 실시하는 소정의 자격심사를 받은 후 전문가 자격증을 취득하는 것이 일반적입니다. 그러나 전문가 자격증의 유형이 다양해서 학사 졸업 후 일정 기간의 수련을 마치면 한국심리학회 산하 중독심리학회의 중독심리사 자격증을 취득할 수 도 있습니다. 또한 학사 졸업 후 단기간의 집중적인 교육, 예컨대 도박중독가 전문양성 과정 및 도박중독 예방 강사 과정사행산업통합감독위원회을 이수하면 관련 자격증을 취득할 수 있고 도박중독 예방 강사로서의 역할을 담당할 수 있습니다.

도박중독상담이 결코 쉬운 일이 아니며 상담자를 소진시키는 고된 작업이긴 하지만 그렇다고 도박중독치료가 불가능한 것은 아닙니다. 현장에서 도박중독자와 상담할 때 특히 초기에는 과연 도박중독이 치료될 수 있을까 하는 의문을 갖기도 하며, 때로 재발하는 내담자들을 만날 때 실망하기도 하고 상담자로서 무능감을 느끼기도 했습니다. 그러나 상담자가 먼저 치료에 대한 신뢰를 갖고 내담자를 대하면 내담자도 변화할 수 있다는 소중한 경험을 하게 되었습니다. 재발 또한 회복의 한 과정이라는 것을 알게 되면서 내담자의 재발을 두려워하지 않게 되었습니다. 그저 도박중독은 오랜 시간에 걸쳐 풀어 나가야 하는 문제이기 때문에 상담자도 도박중독자도 도박중독자의 가족들도 인내하고 버텨 나갈 자원과 힘을 키워야 함을 새삼 깨닫습니다.

앞에서 치료가 필요한 도박중독자의 추정인구가 33만 명에 이른다고 하였지만 예방적 차원에서 볼 때 잠재적인 고위험군, 특히 누구나 흔하게 접할 수 있는 인터넷 도박이 청소년들에게 무방비 상태로 노출되어 있어 이러한 잠재적 위험군까지 합산한다면 심리학자들의 도움을 필요로 하는 인구는 실로 엄청나다고 할 수 있습니다. 즉, 도박중독의 치료 및 예방 사업을 해야 할 심리학자들이 매우 많이 필요하다는 결론이 나옵니다. 이제 도박중독이 치료가 필요한 질병이라는 인식이 확산되면서 도박중독상담의 전문성이 요구되고 있고 도박중독의 문제가 사회문제로 대두되고 있습니다. 예비 심리학도들이 과감한 도전과 인간에 대한 애정 · 신뢰를 가지고 도박중독상담 장면에서 일하게 된다면 한 개인의 삶을 회복시키고 삶의 변화와 성장을 도모하는 데 의미 있고 가치 있는 역할을 할 뿐만 아니라 더 큰 차원에서 건강하고 행복한 미래를 추구하는 우리 사회의 중요 과제를 실현하는 데 일익을 담당할 수 있을 것이라 기대합니다. 이를 위해서는 무엇보다 도박중독에 대한 예비 심리학도의 관심의 제고가 필요할 것 같습니다.

도박중독의 심리치료! 도박중독자를 중독에서 벗어나게 하는 것뿐만 아니라 한 개인의 인생을 변화시키는 위대한 작업입니다. 누군가에게 희망을 주고 그의 삶을 바뀌게 할 수 있는 의미 있는 존재가 될 수 있다는 것 자체가 굉장한 매력이 아닐까요?

16

내 안에 숨겨진 보물찾기 여행

김유정

홍경자 심리상담센터(www.gocounseling.co.kr) 상담실장
부모코칭 프로그램 적극적 부모역할훈련 지도자 및 트레이너
부부대화 지도자 및 학습클리닉 전문가
성신여자대학교 심리학과 박사 과정 수료(임상심리학)
미국 Missouri State University 서어서문학과 학사(U. S. A.)
yoojung0713@hanmail.net

●●

諸法無我제법무아, 이는 인간은 정해져 있지 않은 존재로 계속해서 변화해 가며 딱히 정해진 '나' 가 없다는 의미의 고사성어로 평소에 늘 제 마음에 새겨왔던 삶의 모토이기도 합니다. 대학원에 진학하여 상담심리학과 임상심리학을 전공하고 나서 배우게 되었던 칼 로저스의 인간중심상담이론의 기본적인 인간관인 자기실현 경향성—자신의 잠재력과 가능성을 실현하려는 인간의 타고난 경향성—과 일맥상통하는 의미라고 생각이 되어 항상 제 안의 무한한 잠재력을 찾아내고 또 계발하여 끊임없이 변화하려는 마음가짐과 자세로 살아가려고 노력하고 있습니다. 내 안에 숨겨져 있던 보물을 찾아 떠나는 여행이 심리학의 세계라고 생각합니다. 너무나 깊은 곳에 있어서 만나지 못했던 나, 그리고 어디론가 숨고만 싶고 드러내고 싶지 않았던 나, 나도 몰랐던 무의식의 나를 만나서 기쁘면서도 또 한편으로는 고통스러우며 내가 몰랐던 나의 모습에 그저 놀라움과 경이로움으로 인생을 조망하게 해 주는 것이 심리학입니다. 제게 심리학은 '나에 대한 이해' 를 바탕으로 타인에 대한 온전한 이해가 생겨나고, 또 그 이해를 통하여 타인과의 참 만남을 이루어 궁극적으로는 인생에 대한 성찰이 더욱 깊어지고 삶의 의미를 만들어 가도록 이끌어 주는 학문입니다.

이러한 심리학의 세계로 입문하여 공부하고 연구하며 또 일을 하게 된 지 올해로 8년이 되었습니다. 현재 제가 몸담아 일하고 있는 상담센터는 서울의 홍경자심리상담센터로, 일반적인 심리상담 업무와 더불어 부모교육 및 부모코칭을 보급하고 진행하는 전문 부모교육 기관입니다. 전남대학교 교육학과에서 상담심리를 가르치셨고 우리나라에 적극적인 부모역할훈련을 도입하셨던 홍경자 교수님이 정년퇴임을 하시고 난 후 서울에 센터를 개원하셨고, 현재는 '부모코칭 프로그램 적극적인 부모역할훈련' 한국 본부에서 지도자를 양성하며 일반 부모님들을 대상으로 부모교육을 보급하는 대표적인 부모교육기관이 되었습니다. 저희 센터에서 제가 맡고 있는 주 업무는 학업 및 진로 상담을 포함하는 청소년 심리상담과 부모상담 그리고 일반 부모님을 위한 부모교육 프로그램 진행 및 부모교육 지도자 양성 과정 트레이너로 강의를 전담하는 일입니다. 센터에서 직접 부모교육을 인도하고 또 지도자 양성 과정에서 강의를 하는 중간중간에 외부에서 센터로 의뢰된 부모교육 및 부모코칭 프로그램에 출강하여 강의와 프로그램을 진행하기도 합니다. 주로 나가게 되는 기관은 초·중·고등학교, 각 관내 교육청, 정신보건센터, 청소년수련관, 건강가정지원센터, 시·구 단위 종합 복지관, 그리고 법무부와 같은 국가행정기관 연수원 및 한국은행과 같은 기업체 연수원 등입니다. 일반 부모님들이 주 교육 대상이지만, 대상자의 절반은 교사, 전문상담교사, 심리상담 관련 기관에 종사하는 상담자 및 치료사 그리고 국가 공공기관과 기업체의 직원들입니다.

지금까지 많은 부모님들과 다양한 사람들을 만나는 부모교육 지도자 또 상담자로서 일을 하면서 보람도 많이 느끼고 인생에 대한 비전과 목적의식도 더 확실해졌지만, 20대 초반 대학생 시절의 저는 서반아어를 전공하여 문학을 공부하기를 꿈꾸는 인문학도였습니다. 미국 유학길에 올라 서어서문학과를 전공하였고 다시 한국에 돌아와 대학원에도 진학하였습니다. 그때까지만 해도 어문학을 공부하면서, 그 길이 제가 평생 걸어가야 할 길이라고 믿었습니다. 그런데 미국에서의 실용적인 공부 환경과는 달리 한국에서의 대학원 시절은 주로 연구실에서 문학작품과 씨름하며 보내는 시간이 많았고, 그럴수록 무엇인가 가슴 한구석에 채워지지 않는 욕구가 있음을 알게 되었습니다. 사람을 만나면 눈빛이 살아나고 만나는 사람들과의 대화가 좋고 또 사람들과의 관계가 소중해지기 시작했습니다. 정확히 알 수는 없었지만, 제가 문학작품을 통하여 만나는 소설 속 등장인물과의 수동적 상호작용만으로는 더 이상 만족할 수 없다는 생각에 이르렀고, 과연 제가 선택한 문학도로서의 길이 저를 위한 평생의 길이 맞는지 직업에 대한 회의에 빠지게 되었습니다. 더구나 결혼과 함께 잠시 학업을 중단하고 다시 미국에 들어가 IMF 외환위기를 맞으며 부부간의 갈등을 겪게 되었고, 이후 무엇을 해야 할지 몰라 방황하며 오랜 시간 동안 혼란과 고통의 시기를 보냈습니다. 이어지는 딸의 출산이 잠시 기쁨을 주었지만, 진정 제가 원하는 삶이 무엇이고 제가 하고자 하는 일이 무엇인지 모르는 채 이렇게 살아가야 하는지에 대해 질문하게 되었고 부부관계, 부모-자녀 관계를 포함하는, 저를 둘러싸고 있는 모든 관계에 대하여 더 공부하고 싶다는 강한 욕구가 가슴 깊은 곳에서 일어났습니다. 다시 한국으로 돌아와 대학원에 진학하여 상담심리학을 전공하였고, 특별히 적극적인 부모역할훈련 프로그램과의 만남은 저의 인생의 전환점이 되었습니다.

상담 시간에 만나는 모든 사람들의 이야기는 이 세상 어느 누구의 소설 작품보다도 더 아름답고 귀하게 느껴졌습니다. 그들이 겪은 시간 속에 담겨진 슬픔, 좌절, 상처, 기쁨, 인내, 희망의 의미를 알기에 더 가슴에 와 닿았습니다. 그리고 상담을 하면서 제 안에도 울리는 소리와 움직임이 있다는 것을 알게 되었습니다. 그들을 통하여 저의 부모님을 보게 되었고, 제 가족을 그려 보게 되었으며, 그들의 살아온 인생 과정 속에서 또 다른 '나'를 만날 수 있었습니다. 그래서 한 사람 한 사람이 참으로 소중하고 그 만남이 정말 설레고 의미 있게 느껴졌습니다. 또한 부모교육을 하면서 만나게 되는 수많은 어머니들의 가슴에 묻어 두었던 이야기들과 어머니로서의 인생 과정은 부모역할이 얼마나 중요한 것인지, 또 축복인지도 깨닫게 해 주었습니다. 부모는 자녀가 언제라도 돌아올 수 있는 마음의 고향이 되어야 한다는 것도 알게 되었습니다. 자녀를 있는 그대로의 모습으로 인정하고, 자녀가 가진 고유한 능력과 특성을 살려 격려하고 자신의 삶을 살아가도록 인도하는 부모, 인생의 힘든 과정을 거쳐 갈 때 기댈 수 있는 언덕이 되어 줄 수 있는 부모가 되어야 한다고 생각했습니다. 그리고 사람들이 그러한 부모가 될 수 있도록 조금이나마 도움을 줄 수 있는 부모교육 전문가가 되어야겠다는 비전도 가지게 되었습니다. 부모 한 사람이 변화되고, 자녀가 변화되고, 가정이 변화되며 그 물결의 파장이 더 나아가 사회와 국가까지 흘러가 변화되는, 작은 변화를 일으키게 할 수 있는 역할을 부모교육 현장에서 해 나가고 싶다는 직업에 대한 소명의

식도 가지게 되었습니다.

부모님들과 함께 웃고 슬퍼하고 삶을 나누면서 가장 절실하게 느꼈던 점은 가족 내에서 서로를 이해하고 공감해 줄 수 있는 부모-자녀 관계의 회복이 너무나 필요하고 중요하다는 점이었습니다. 또한 많은 부모님들을 만나면서 자녀를 양육하면서 어떤 점이 가장 힘들고 또 무슨 도움을 구체적으로 원하는지도 알게 되었습니다. 그래서 부모님들의 작은 이야기에도 귀 기울여 관심을 가지고 들으려 하고, 또 제가 알고 있는 지식과 정보만을 전달하는 수동적 부모교육 구조보다는 같이 연습하고 힘든 부분을 토론하고 나누면서 양육에서 생겨나는 문제를 해결하는 적극적이고 역동적인 부모교육을 실시하고자 노력하게 되었습니다. 부모교육은 단순히 부모에게 양육에 도움이 되는 기술만을 습득시키는 것에 초점을 두는 것이 아니라, 부모로서의 자신 이전에 한 개인으로서의 자신을 실현하도록 교육합니다. 그리하여 부모로서 자녀를 키우는 양육태도는 어떠한지, 삶에 대한 가치관은 어떠한지, 생활양식과 자아존중감은 어떠한지를 돌아보고 재정립하는 시간을 가지게 합니다. 자녀를 건강한 한 인간으로 성장하도록 주도적인 영향력을 행사하고, 가정 내에서 존경받는 리더로 부모가 설 수 있도록 도와줍니다. 부모교육과 부모상담을 진행하면서 조금씩 달라져 가는 부모님들과 그 가정을 볼 때마다 더할 나위 없는 기쁨을 경험하고 또한 제 일에 대한 열정도 점점 더 커지는 것을 깨달아 가고 있습니다.

제가 부모교육 전문가와 상담자로서의 길을 걷게 되고, 제 인생의 목적의식도 다시 찾게 된 것은 바로 심리학의 힘이라고 말하고 싶습니다. 여전히 심리학의 길은 제게 영원한 도전이자 또 동반자이며 제 삶의 열정을 쏟아 부을 수 있는 무한한 가능성의 원천입니다. 청소년 상담을 하고 부모교육을 진행하는 전문가로서 그리고 상담자로서 기본적으로 갖추어야 할 심리학의 분야는 너무나 광대합니다. 자녀들의 학습을 도와줄 수 있는 학습과 인지심리학에서부터 부모님들께 정확히 알리고 교육해야 하는 자녀의 발달 과정에 대한 발달심리학, 사회에서 일어나는 다양한 현상과 문제에 대하여 과학적으로 접근하고 이해시키는 사회심리학, 삶의 과정에서 겪게 되는 불행한 경험들로 인하여 나타낼 수 있는 이상행동과 심리장애를 연구하고 그 치료 및 예방 방안을 강구하는 이상심리학, 각 개인의 다른 성격을 기술하고 성격에 관련된 보편적 법칙을 밝히는 성격심리학, 그리고 상담자와의 만남을 통하여 자신과 세상에 대한 폭넓은 이해를 얻고, 자기 삶을 통제할 수 있도록 이끌어주며 궁극적으로는 자기를 실현하도록 도와주는 상담심리학에 이르기까지 심리학의 세계는 무궁무진하며 단면적이지 않고 입체적입니다. 앞으로도 심리학은 저를 끊임없이 변화하는 창조적 삶을 살아가도록 변함없이 신선한 샘물과 영양분을 공급해 주는 옹달샘이 될 것입니다.

앞으로 심리학을 공부하고자 심리학에 관심을 가지는 심리학도 지망생들에게 저의 개인적 경험과 공부를 바탕으로 당부하고 싶은 부분이 몇 가지 있습니다. 첫째, 꼭 학부에서 심리학을 전공으로 하지 않더라도 상급교육기관으로의 진학이 가능한 점을 알려

드리고 싶습니다. 물론 대학원에서 어떤 심리학 전공을 선택하든 학부에서 요구되는 심리학 기본 과목을 보충으로 이수하는 것이 필요합니다. 저 또한 학부와 대학원 모두 서어서문학과를 전공하였기에 석사 과정에 입학하여 상담심리학 전공에 필요한 학부 필수과목을 보충하여 이수하였습니다. 그것이 힘들고 더 많은 시간과 에너지를 요구하였지만 그만큼 가치 있는 과정이기도 했습니다. 그 과정을 거쳤기에 기본기를 충실히 다질 수 있었고 전공한 학생들보다 더 노력하고 배우려는 자세를 가지게 되었습니다.

둘째, 다양한 인생 경험이 심리학을 공부하는 데 있어 정말 유익하다는 점을 당부하고 싶습니다. 전혀 무관하게 보이는 학부 때의 서어서문학 전공도 제가 상담심리학을 공부하는 데 많은 도움을 주었습니다. 제가 살아온 인생 경험과 더불어 문학작품을 통해 느꼈던 인생에 대한, 그리고 인간에 대한 성찰과 깨달음이 상담을 더 따뜻하고 풍요롭게 해 주었습니다. 문학적 감수성과 예민함 그리고 문학작품 전체를 바라보는 조망능력이 한 사람 한 사람에게 민감하게 반응하고, 또 그 사람과 인생을 단편적으로 바라보지 않고 통합적으로 바라보는 안내자의 역할을 하도록 도와주었습니다. 한 때 무엇을 할지 몰라 길을 잃고 방황했던 아팠던 과정은 제가 선택한 진로에 대하여 혼란스러워하는 이들을 온전히 공감하고 또 선경험자로서의 조언도 할 수 있게 해 주었습니다. 부부간의 갈등, 자녀를 키우는 엄마로서의 인생 경험은 현재 가장 많이 만나게 되는 부모님들, 특히 어머니들의 마음을 너무나 잘 알고 이해하는 친구 같은 상담자와 부모교육 지도자로 만들어 주었습니다. 제가 어느 자리에서 무슨 일을 하고 있든 심리학을 공부하고자 하는 사람들에게는 하나도 버릴 것이 없는 소중한 경험과 살아 있는 자원이 될 것이라고 믿습니다.

처음에 심리학에 입문하면 너무나 많은 세부 전공과목과 학문의 방대함에 압도당하게 됩니다. 제가 대학원에서 심리학을 본격적으로 공부하였을 때 1학기를 마치고 학문의 심오함과 방대함에 눌려 위축되어 공부를 포기하려는 생각을 한 적이 있습니다. 그 때 저의 중심을 바로 잡아 주셨던 지도교수님이 바로 센터의 소장님이신 홍경자 교수님입니다. 교수님은 제가 가지고 있는 강점을 최대한 살릴 수 있는 더 연구하고 싶은 전문 분야를 집중적으로 공부하라고 충고해 주셨습니다. 기본적으로 능력을 키우되 제가 평생을 해도 만족감을 가지고 일을 하며 인생의 의미를 살릴 수 있는 전문성을 키우도록 한 우물을 파라고 하셨습니다. 그래서 부모교육 전문가가 되기 위한 기초 학문을 닦고 부모교육과 관련된 아동, 청소년 발달 및 상담, 학습상담, 부부상담, 부모교육 프로그램 개발과 같은 과목을 박사 과정에서 집중적으로 듣고 또 워크숍, 세미나에 참석하여 자격증도 따면서 전문성을 강화하였습니다. 내가 무엇에 가장 관심을 가지는지, 내가 가지고 있는 강점이 무엇인지를 잘 알 수 있다면 무한한 심리학의 세계에서 자신만의 길을 찾아갈 수 있으리라 생각합니다.

저의 인생은 여전히 현재 진행 중입니다. 아직 제 인생 도화지에 남겨진 여백에 어떤 색이 채워질지, 그리고 무슨 그림이 그려질지는 모르지만 한 가지 확실한 것은 지금까지의 삶이 그래왔듯이 항상 변화를 꿈꾸며 나아갈 것이라는 것과 그 안에 저의 인생과 저와의 만남을 이어가고 있는 이들의 인생이 함께 있을 것이라는 사실입니다. 서강대학교 교수였던 고故 장영희 교수는 삶은 퍼즐 같아서 지금 들고 있는 삶의 조각이 그림 어디에 속하는지는 많은 세월이 지난 다음에야 알 수 있다고 하였습니다. 심리학을 공부하고 상담심리학을 공부하면서 느꼈던 것과도 맞아떨어지는 말입니다. 그리고 퍼즐 같은 우리의 삶을 힘들어하면서도 하나씩 하나씩 맞추어가는 몸짓과 노력이 결코 헛되지 않을 것이라고 믿습니다. 제게 심리학은 지금까지 제가 걸어온 길을 되돌아보고, 자신이 어느 지점에 서 있으며 또 어디로 향해 가야 하는지를 매 순간순간 확인하게 해 주는 나침반입니다. 저 또한 인생의 퍼즐을 어디에 놓을지 몰라 방황하는 이들과 부모님들의 곁에 서서 함께 고개를 기울이며 퍼즐의 자리와 방향을 찾도록 도움이 되는 나침반의 역할이 되고 싶습니다. '마음이 피운 꽃망울' 이라는 시구가 너무도 아름답게 느껴지는 것은 한 사람이 진심으로 다했던 일은 언젠가 스러지지 않고 꽃을 피운다는 의미이기 때문입니다. 최선을 다해 마음으로 피운 꽃망울을 터트리는 상담자, 부모교육 전문가가 되기를 겸손히 바라고 있습니다.

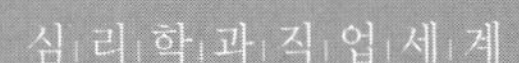

17

언어치료사 의사소통장애를 치료합니다

profile

황민아

단국대학교 특수교육과 교수
Mayo Clinic 신경과 Post-doctoral Clinical Fellow
미국 University of Minnesota 언어병리학 박사
서울대학교 심리학 석사(언어심리학)
hwangm@dankook.ac.kr

●●

저는 심리학을 공부하던 학부 때부터 사람들이 어떻게 언어를 배우고, 이해하고 말하는지에 관심이 있었고, 석사 과정에서 언어심리학을 공부했습니다. 언어에 대한 저의 관심을 학문에 국한시키지 않고 실제에 적용할 수 있는 길을 찾다가 언어치료사라는 직업을 알게 되었습니다. 언어치료사는 명칭 그대로 언어에 문제가 있는 사람을 치료하는 전문가입니다.

언어치료사가 다루는 '언어의 문제' 를 좀 더 정확하게 표현하자면 '의사소통의 장애' 입니다. 언어능력은 우리가 의사소통을 원활하게 하기 위해 핵심적으로 필요한 능력이기는 하지만 엄밀히 볼 때 그것이 전부는 아닙니다. 예를 들어, 남의 말을 잘 이해하고, 자기가 하고 싶은 말을 정확하게 표현할 수 있는 언어능력이 있음에도 불구하고, 성대의 구조적 이상으로 인해 목소리를 내지 못하거나, 말더듬으로 인해 말을 유창하게 하지 못하면 의사소통에 장애가 생깁니다. 언어를 습득하는 데 어려움을 보이는 자폐아동의 경우, 문제의 근원은 다른 사람과의 상호작용의 어려움 때문입니다. 다른 사람과 의사소통을 하는 행위 자체가 사회적 상호작용에 기반하는데, 그것이 어려우니 언어습득에 문제가 생길 수밖에 없는 것입니다.

언어치료사가 다루는 의사소통장애의 유형은 아주 다양합니다. 아동의 경우, 자폐 등의 발달장애나 정신지체로 인한 언어장애뿐 아니라, 발음의 문제, 말더듬이 있을 수 있고, 뇌성마비, 청각장애나 구개파열처럼 선천적인(혹은 후천적인) 신체기관의 결함으로 인한 발음/언어 문제가 있습니다. 특수교육을 받아야 하는 장애아동들 중 대부분이 언어장애를 동반하고 있기 때문에 별도의 언어치료가 필요합니다. 언어치료사는 아동뿐만이 아니라 성인의 말더듬, 뇌손상이나 성대 구조상의 질병이나 장애로 생긴 음성/언어 문제도 치료합니다. 언어치료사 중 특히 대학병원이나 전문병원에 근무하는 경우 특정 유형의 장애만을 전문적으로 평가하고 치료하기도 합니다.

저는 현재 대학교에서 학생들을 가르치기 때문에 임상 현장에서 직접 언어치료를 하기보다는 주로 연구와 강의를 합니다. 저희 단국대학교에는 언어치료학과가 대학원에만 있는데, 석사 · 박사 과정 학생들의 학위논문을 지도하는 것도 제 업무에 포함되지요. 아무리 강의와 연구가 저의 주된 업무라고 해도, 언어치료 임상의 실제가 강의와 연구의 내용이기 때문에 임상 현장과 멀어지지 않으려고 노력하고 있습니다.

제가 언어치료사로서 일하는 데는 언어심리, 인지심리, 발달심리, 생물심리, 상담심리, 임상심리 등 심리학에서 배운 모든 내용이 도움이 되었습니다. 언어심리학이 언어치료에 직접적으로 관련되는 것은 당연하지요. 언어처리의 문제와 기억이나 주의 같은 인지심리적인 측면 사이의 연관성 또한 상당히 높습니다. 그 밖에 생물심리에서 배운 뇌신경계의 작용은 뇌손상으로 인한 언어장애를 이해할 때 도움이 되고, 발달심리에서 배운 아동의 전반적인 발달 과정은 아동의 의사소통장애를 평가하고 치료를 계획할 때 유용합니다. 어떤 사람이 보이는 의사소통 문제가 신체구조의 장애에서 야기된 것인지, 심리적 질병으로 인한 것인지를 판별할 때 임상심리학에서 배운 내용도 도움이 됩니다. 상담심리는 의사소통장애를 가진 아동/성인뿐 아니라 그들의 부모나 보호자가 겪는 어려움을 이해하고 돕는 데 도움이 됩니다. 다른 말로 하면, 심리학을 학부에서 공부한 학생들은 대학원에서 언어치료를 전공해 언어치료사로 활동하는 데 많은 이점이 있습니다.

심리학적 지식을 언어치료에 활용할 수는 있지만, 심리학 지식을 갖췄다고 언어치료사가 될 수 있는 것은 아닙니다. 언어치료사가 되려면 다양한 의사소통장애의 원인과 특성, 장애의 평가와 치료 방법에 대한 전문지식을 배워야 합니다. 제가 언어치료사가 되기 위해서 박사 과정에서 언어병리학을 전공했듯이, 우리나라에서 언어치료사로 활동하기 위해서는 학부나 대학원에서 언어치료 혹은 언어병리학을 전공해야 합니다.

최근 우리나라 언어치료사에 대한 자격규정이 국회 의결을 거쳐서, 2012년부터는 언어치료 전공으로 학위를 취득한 사람들이 국가시험에 합격하면 보건복지부로부터 '언어재활사' 자격증을 받게 됩니다. 학부나 대학원에서 언어치료학과의 학위를 취득한 사람은 2급 언어재활사 자격시험에 응시할 수 있고, 학사학위를 취득한 후 3년 이상, 석사학위나 박사학위를 취득한 후 1년 이상 언어치료사로 일하면 1급 언어재활사 자격시험에 응시할 수 있습니다. 다시 말해, 학부에서 언어치료를 전공하지 않았어도, 대학원에서 언어치료 전공으로 학위를 받으면 '언어재활사'가 될 자격 요건을 갖추게 되는 것이지요.

학부와 대학원에서 언어치료를 전공하는 학생들은 강의를 통해서 뿐 아니라, 임상 관찰 및 실습과 졸업 후의 임상수련 과정을 통하여 실제 의사소통장애를 가진 사람들을 평가하고 치료하면서 전문지식을 다지게 됩니다. 같은 유형의 의사소통장애라고 해도 사람마다 그 정도와 양상이 다르고, 심지어 그 사람이 처한 상황도 다르기 때문에 언어치료사는 개별 환자에 적절한 치료 방법을 찾기 위해 끊임없이 전문지식을 쌓아야 하는 직업입니다.

언어치료사의 봉급이나 처우는 어디에 소속되어 근무하는지에 따라 많이 다릅니다. 우리나라의 경우 언어치료사는 주로 병원, 복지관, 언어치료클리닉 등에서 일합니다. 병원도 큰 종합병원에 소속되어 있는 경우와 개인 소아정신과나 재활병원에 소속되어 있는 경우 서로 사정이 다르고요. 연봉은 어떤 직업 환경에서 일하며, 어떤 직급에 있는지에 따라 다릅니다.

'언어치료' 라고 하니까, 언어에 문제가 있는 사람들을 '치료' 해서 보통 사람들처럼 말할 수 있게 '회복' 시키는 일을 하는 것처럼 들리지요? 실제로 말을 더듬던 사람이 언어치료를 통해 말더듬이 없어지고, 선천적인 구개파열로 인해 제대로 발음할 수 없던 아이가 적절한 수술과 언어치료를 통해 감쪽같이 발음을 잘하게 되는 것을 보면 정말 기쁘지요. 그렇지만 언어 문제를 완전히 '치료' 하지 못하는 경우도 많습니다. 특히 제가 주로 보는 뇌신경계 손상을 입은 환자들 중에 그런 경우가 많습니다. 그럴 때는 저도 많이 안타깝습니다.

제가 미국에서 언어치료사로 일할 때 한 중년의 의사 선생님을 치료한 적이 있습니다. 그분은 뇌종양으로 인해 발음이 어려운 분이었는데, 이미 여러 번 뇌수술을 받았고, 암세포가 많이 전이되어서 병이 급속도로 진행되는 상황이었습니다. 제가 처음 그분의 언어평가를 위해 중환자실을 방문했을 때는 마침 어린 세 자녀들이 아버지를 면회하고 있었고, 그분은 말을 할 수 없어서 노트북에 글을 쓰는 것으로 아이들과 대화를 나누고 있었습니다. 아이들과 아버지가 너무도 행복한 시간을 보내는 것 같아 저의 언어평가는 다음 날로 미루기로 마음먹었습니다. 그런데 밤 사이에 그분의 상태가 갑자기 악화되어, 제가 다음 날 중환자실로 갔을 때는 임종을 지키기 위해 가족들이 모여 있었습니다. 전날 그분이 아이들과 보낼 수 있었던 마지막 시간을 제가 방해하지 않았다는 것을 무척이나 다행스럽게 여기며 저는 발길을 돌렸습니다. 며칠 뒤, 놀랍게도 저는 다시 그분의 언어평가를 해 달라는 의뢰를 받았습니다. 두 번째 뵈었을 때, 그분은 곧 퇴원하여 집에서 임종을 맞을 준비를 하고 있었습니다. 이미 손가락으로 키보드를 누르는 움직임도 불가능한 상태였습니다. 부인을 통해, 그분이 수화를 배우고 싶어서 다시 언어평가를 청했다는 것을 알았습니다. 그분은 며칠이 될지 모르는 남은 시간 동안 자신의 자녀들에게 수화로라도 사랑한다는 말을 하고 싶다고 했습니다. 그때 저는 사람들에게 의사소통이 얼마나 중요한지, 제가 언어치료사로서 사람들이 의사소통을 할 수 있도록 도와줄 수 있다는 것이 얼마나 보람된 일인지 느꼈습니다. 사고로 목소리를 잃은 환자가 인공성대로 목소리를 내어 다시 말할 때, 심한 발달장애아동이 오랜 언어치료 끝에 처음으로 '엄마'라는 단어를 말할 때 느끼는 환자와 그 가족들의 기쁨을 언어치료사도 함께 느낍니다.

언어치료사는 이런 보람을 느낄 수 있는 직업으로 현재 다양한 직장 환경에서 많은 언어치료사들이 활동하고 있지만, 아직 우리나라에서 언어치료사는 생소한 직업이고, 그래서 그 입지가 완전히 정착되지 않았다고 봅니다. 현재 우리나라에 있는 언어치료학부나 대학원들도 대부분 지난 10년 동안에 개설되었습니다. 새로운 직업인만큼 언어치료사에 대한 처우나 언어치료사의 활동 영역, 언어치료사에 대한 인식 등 여러 가지 측면이 직장마다 다르고 발전의 여지도 많습니다. 많은 경우에 언어치료사는 의사, 특수학교 교사, 물리/작업치료사, 심리학자 등 다양한 영역의 전문가들과 협동하여 사람들을 치료합니다. 따라서 주변 전문가들의 언어치료의 필요성에 대한 적절한 인식과 전문 영역 간의 협동도 중요합니다.

아직도 우리나라에서 언어치료사가 전문가로서 일하는 데에는 개선이 필요한 점이 많지만, 언어치료사의 입지는 커지고 있습니다. 장애아동에 대한 특별법이 제정되면서 장애를 가진 아동이 언어치료를 받는 데 대한 정부의 지원이 늘어나고, 노인 인구가 많아지면서 언어치료 대상자도 증가하고 있습니다. 점점 늘어나고 있는 다문화가정의 자녀들에게도 언어치료사의 도움이 필요합니다.

이 책의 제목이 '심리학과 직업세계' 이지요. 제가 여기에 소개한 언어치료사언어재활사는 심리학만 공부해서 가질 수 있는 직업은 아닙니다. 학부든 대학원이든 언어치료 관련 학과에 입학하여 언어치료를 공부해야만 언어치료사가 될 수 있지요. 저는 학부에서 심리학을 공부한 많은 사람들이 대학원에서 언어치료를 전공해서 언어치료사로 일하기를 바랍니다. 학부와 석사 과정에서 심리학을 공부한 저의 개인적인 배경 때문이기도 하지만, 심리학 지식은 언어치료에 많은 도움이 된다고 생각합니다. 우리나라에서 언어치료는 발전의 여지가 많은 학문이며 직업입니다. 유능한 인재들이 언어치료 전문가로 활동하면서 언어치료의 발전에 기여하기를 바라는 마음에서 심리학을 공부한 학생들도 언어치료에 관심을 가지기를 권합니다.

■ ■ ■ ■ ■ ■
Psychology & Carrer

심리학과 직업세계

18

처음 같은 두 번째

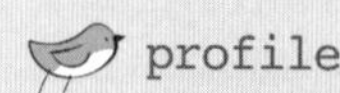

조현종

(주)샤뽀 대표이사
모자박물관 '루이엘' 대표이사*
전북대학교 경영학 박사
전북대학교 심리학 학사
ceo@luielle.co.kr

●●

실패를 기대하며 일을 하는 사람은 단 한사람도 없을 것입니다. 운이 좋다면 단번에 성공이라는 위치에 오르는 행운아도 있겠지만 대부분은 엄청난 수업료를 지불하지 않으면 안 되었습니다.

"공짜 점심은 없다."

"이것이 인생이다. 하지만 어쩔 수 없다면 즐겨라."

저는 1984년 전북대학교 공대에 입학하여 신입생환영회 및 과 M.T., 동아리 활동, 동문회 활동…. 정신없이 한 학기를 보낸 후 곧 심한 후유증을 앓았습니다.

다시 한 번 찾아 온 사춘기랄까? 나는 누구인가 하는 정체감의 혼란, 대학이란 이런 것일까 회의가 들면서 미래에 대한 불투명으로 인한 불안감이 생겼습니다. 이래서는 안 되겠다는 생각으로 몇 번의 고민 끝에 결국 반수생 생활을 시작하였습니다.

그리고 그해 다시 치른 학력고사에 기대했던 점수를 얻지 못해 진로에 대해 고민하던 중 동아리 선배 중에 일대일 멘토 행사 때 삐에로의 웃음 뒤에 있는 슬픔을 알아야 한다는 말을 들었던 게 기억이 났습니다. 당시 그 문장은 상당히 신선한 철학적인 말이었고 저에게 사물의 이면을 인지할 수 있게 해 준 계기가 되었습니다.

---

* '루이엘' 은 아시아 최초로 세워진 모자 전문 박물관으로서 조현종 사장과 부인 셜리천(국내 패션모자 디자이너 1호)씨 부부가 함께 전주 한옥 마을 내에서 운영하고 있다.

그리고 단순히 그 선배가 심리학도였다는 이유가 1985년에 제가 전북대학교 심리학과에 입학하게 된 동기로 작용했습니다.

같은 학교에서 두 번째 1학년으로 시작된 심리학도의 생활은 행복했습니다. 사람에 대해 관심이 많았던 저에게는 모든 과목 하나하나가 맛있는 뷔페에서 골라먹는 음식 같은 느낌이었습니다. 심지어 미팅 때 잠깐 배웠던 심리학개론 수준 파블로프의 고전적조건형성 실험 이야기만으로도 좌중을 사로잡은 적이 있을 정도로 심리학의 위력은 대단했습니다.

요즘에야 일반 대중을 위한 각종 심리학에 대한 다양한 서적이 나올 만큼 인기가 대단하고 학문적인 영역으로도 인정받고 있지만 1980년대 중반만 해도 심리학도라고 하면 사주, 관상을 봐 달라는 사람들이 많았습니다. 지금 생각해 보면 실로 한숨이 나올 수준이었던 것이었습니다.

1980년대의 대학은 군사독재정권에 대한 민주화 열망에 따른 시위대와 진압대 간의 치열한 길거리 대치가 계속되었던 시기였습니다. 생활의 모든 면이 불안정적인 사회구조 속에서 불안하던 시절이었습니다. 그것을 핑계 삼아 술과 담배, 무의미한 토론, 연극반활동…… 참으로 다양한 공부(?) 활동을 많이도 하였지요.

어느덧 졸업반이 되어 몇 번의 취직시험 끝에 한 제약회사의 병원담당 영업사원으로 사회생활을 시작하였습니다. 서울지역과 경기도일원의 병원들을 대상으로 일정부분 자유롭게 영업을 하는 일로 제법 재미도 있었고 여유 있는 시간과 높은 급여로 만족스러웠습니다. 물론 심리학에서 배웠던 여러 가지의 공부는 영업 현장에서 상당한 효과를 발휘했고 교과서에서 배운 내용을 실전에 응용하는 등 심리학의 효용은 강의실보다 사회에서 더 큰 위력을 발휘했습니다. 금세 1년 여의 시간이 훌쩍 지나가 버렸습니다. 하지만 어느 순간 좀 더 넓은 세상을 동경하게 되었고, 현재의 삶에서 변화를 해야겠다는 생각으로 무작정 외국으로 떠나기로 했습니다. 다행히 필리핀에서 수출입 업무를 운영하는 회사에 취업을 하게 되어 약 2년 여를 정신없이 보냈습니다. 지금껏 해 보지 않았던 업무들이라 용어라든지 절차 등 처음에는 모든 것이 낯설고 어설펐습니다. 하지만 제가 원해서 선택한 이상 어렵다고 한탄만 하고 있을 수는 없었습니다. 하루에 잠을 4시간 이상 잔 적이 없었습니다.

영어 공부, 무역실무 공부…… 사람들은 대학졸업 후 사회생활을 하면서 학교 다녔을 때 이렇게 공부했었다면 고시 정도는 무난하게 패스했을 거라는 이야기를 하곤 합니다. 저 또한 이런 노력이 뒷받침되어 현재의 모습이 가능하지 않았나 생각됩니다. 하지만 경륜만 가지고는 완벽한 성공은 이루기 어렵습니다. 이때에 함께 필요한 것이 연륜이라고 생각합니다. 제법 업무에 자신이 붙은 저는 필리핀에서 사업을 시작하기도 했습니다. 초반에는 광장한 성공을 거두는 듯도 싶었습니다.

한두 달 사이에 100만 불 이상 수익을 거둔 성공적인 투자로 세상 부러울 게 없었고 세상이 만만해 보였습니다. 20대 후반이라는 젊은 나이에 호화스러운 생활을 누리기도 했고, 현명하게 시간을 소비할 준비가 안 된 상황에서 순간순간 승부가 결정되는 카지노를 출입하기도 했습니다. 그러자 스트레스는 해소되었지만 생활의 근간이 파괴되는 것은 불을 보듯 자명한 일이었습니다. 얼마가지 않아 철저하게 모든 것을 잃은 뒤 도망치듯 필리핀을 빠져나와 평범한 직장인이 되었습니다. 몇 차례의 이직 끝에 일본계 회사에 취직하여 2년 여를 일본에서 살게 되었습니다. 2년간의 일본 생활은 저 자신의 능력과 인내력, 생활력 등의 모든 면을 시험하는 장이었습니다. 1년 여를 오전 9시부터 오후 5시까지는 직장, 6시부터 12시까지는 주점 알바, 새벽 1시부터 5시까지 음식점 알바를 하며 미친 듯이 살았습니다. 이렇게 산 덕분에 1년 만에 제법 큰돈을 모아 음식점을 열었고, 곧 성공하여 여유 있는 생활을 시작하는 듯 싶었습니다. 그러나 카지노라는 덫은 사방에서 저를 유혹했고, 어느새 제가 도박장 테이블에 앉아 단지 스트레스를 푸는 거라고 스스로를 합리화시키는 제 모습을 발견하는 순간 정신이 번쩍 났습니다.

또 한 번의 실패를 할 것인가? 이렇게 망가지는 것인가?

결심이 필요했습니다. 그 모든 것을 버리고 현장을 벗어나기로 결심하였고, 망설임 없이 귀국을 결심하여 그곳을 벗어났습니다. 이제는 그 어떤 도박의 유혹도 저를 넘어뜨리지는 못할 만큼 학습이 되어 있습니다. 귀국 후 미국계 회사에 입사하여 공항관련 S/W 개발, SI, D/P 기획 업무를 하며 인천신공항개항에 일조하는 등 나름대로 뜻 깊은 직장생활을 할 수 있었습니다. 그러던 중 아내가 해 왔던 사업이 확장되어 기획관리자가 필요하게 되었고 심도 있는 논의 끝에 제가 합류하게 되었습니다.

부부가 함께하는 일은 상당한 위험요소가 많습니다. 물론 장점도 있지만 부자지간에도 동업은 하지 말라는 옛말이 있듯이 고도의 경영기술이 동반되지 않으면 힘든 것이 사실입니다. 디자이너인 아내의 영역과 경영자인 저의 위치 사이에서 아슬아슬하게 조율하면서 보다 더 각 영역별 전문성 확보와 무조건적인 신임 등 일반적인 관계에서 불가능한 상황들이 요구되었습니다. 경영자로서 좀 더 전문적인 경영학 공부를 하기 위하여 40세 때 대학원에서 경영학을 공부하고 드디어 경영학 박사를 취득하여 회사 업무에 공부한 이론을 적용시키고 실무를 개선하는 등 회사를 키워 나가고 있습니다.

현재 은행권, 정부, 각 단체의 관계자 및 직원들 간의 관계에서도 심리학을 공부한 저의 이력은 은근히 상당한 설득력을 발휘했습니다. 영업에서의 유아의 문턱 넘기 훈련을 통한 응용, 상대방의 욕구를 분석하는 데 필요한 적절한 실험 등 경영 현장에서 저의 심리학의 토대는 농부가 가진 비옥한 토양자원이라고나 할까요?

근래 인문학의 재발견을 통하여 문화, 예술, 심지어 과학, 경영까지 재해석하는 바람이 불고 있습니다. 직업이 디자이너인 아내도 기능적인 면에서는 디자인학과를 나온 직원들이 우수하지만 창의력 부분에서는 인문학이나 자연, 사회과학 등 기초학문을 마친 인적자원들이 장기적으로 좀 더 색다르고, 탁월한 성과를 낸다고 말합니다. 이런 의미에서 저의 심리학은 경영인으로서 선견지명이 있는 선택이었다면 지나친 자화자찬일까요?

경영학 공부를 하면서 너무나도 익숙한 심리학 실험과 용어가 나올 때면 그 반가움이란 15년 만에 만난 죽마고우의 상봉과 같았습니다. 현재 (주)샤뽀-루이엘의 대표이사로서 경영일선에서 항상 최선을 다하고 있으며 창업, 경영개선과 관련된 서울시 강사로서 우수한 경영인들을 양성하는 데 일조하고 있습니다. 또한 전북대학교 초빙교수로서 저의 경험과 이력을 통하여 많은 청년들에게 보람 있는 경영인들의 삶을 함께 고민하는 인생의 선배 노릇을 하고 있습니다. 이런 모든 것들을 이루게 만든 시작은 심리학과의 만남이었다고 말하고 싶습니다.

처음 같은 두 번째.

인생에 대한 진지한 고민 끝에 우연처럼 다가온 심리학과 저의 만남이 지금껏 저에게 힘을 실어 주는 데 일조했습니다. 여러분들도 심리학을 통하여 인간의 자율의지와 선택, 진지한 고찰을 경험함으로써 리비도 높은 삶, 자아성취를 달성한 삶에 한 발 다가가기를 기원합니다. 감사합니다.

Special Exhibition

About luielle
Modiste, Shirly Chun...
She is the first asian graduate of C.M.T which is specialized school on hat in Paris France.
She has spread her own and special career and has been known as a high-reputated modiste, now has 10 shops in Seoul Korea.

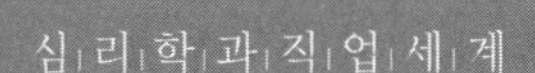

19

심리학이 주는 선물 행복한 직장생활

profile

이은영

연세의료원 의과학연구처(인천 근로자건강센터)
마음사랑인지행동치료센터 상담원(LG Disply 파견근무) 역임
이화여자대학교 심리학 석사(상담심리학)
덕성여자대학교 심리학 학사
logity@hotmail.com

●●

저는 현재 인천 근로자건강센터에서 상담자로 일하고 있습니다. 이곳은 한국산업안전보건공단에서 지원하고 연세의료원에서 위탁 운영하는 곳으로 50인 이내 소규모 사업장을 대상으로 건강 상담 및 사후 관리, 근골격계질환 예방 상담, 근무 환경 상담, 직무 스트레스 및 정신건강 관련 상담을 하는 곳입니다. 산업의학전문의, 간호사, 물리치료사, 산업위생기사 등 의료인들과 협력하여 근무하는 곳이며 저는 직무 스트레스 및 심리 상담을 담당하고 있습니다.

건강검진을 위해 방문한 일반인들이 자율신경기능 스트레스 검사를 하게 되면서 자연스럽게 상담실을 방문하게 되고, 상담에 대해 알리고 경험할 수 있는 것이 이 곳의 새로운 점이며 특징이라 생각합니다. 또 상담에 대해 이해하고, 상담을 받고 싶어 하시는 분들도 찾아오셔서 각종 심리검사와 상담을 받을 수 있습니다. 이곳은 심리학 전공자로서의 전문성을 발휘하면서도 다른 전공 분야의 시각으로 내담자를 이해하고 배울 수 있는 곳입니다.

그래서 이곳에는 저처럼 상담심리학을 전공하고 청소년, 대학생, 군인 등 다양한 대상에게 상담을 하고 계시는 분들이 많습니다. 그 중 저는 성인, 특히 직장인을 상담하는 것을 좋아합니다. 직장, 조직이라는 곳에 적응하면서 겪는 삶의 여러 가지 모습과 어려움, 반대로 직장인이기에 가질 수 있는 혜택을 함께 다루어 나가는 것이 흥미롭습니다. 또한 직장에서는 심리적으로 건강한 사람부터 취약한 사람까지 다양한 대상을 만날 수 있습니다. 그렇기에 여러 가지 개입 방법이 필요하며, 다양한 경험을 쌓는 것이 필요하다고 봅니다. 그리하여 저는 앞으로 한 개인이 조직에 어떻게 효과적으로 적응하고, 생산성을 높이며, 대인관계를 잘 맺을 수 있는지에 대한 심리학적 개입 방법을 꾸준히 연구하고 개발해 나가고자 합니다.

제가 상담자가 되기로 결심한 것은 고등학교 1학년 때입니다. 그때 학교에서 Holland 진로탐색검사를 단체 실시한 적이 있었는데, 가장 높은 점수가 나온 것이 인문 분야였습니다. 인문 분야에 대한 설명을 읽어 나가던 중 심리테스트에 유달리 관심이 많던 제 모습이 스쳐 지나가며 막연히 심리학을 공부하면 재미있을 것 같다는 생각을 했습니다. 그리하여 심리학과에 진학을 하였고, 심리학의 여러 분야를 공부해 가던 중 청소년상담 자원봉사를 하게 되면서 상담자가 되는 것이 제가 가장 하고 싶고, 제게 의미 있는 일임을 알게 되었습니다.

상담심리학 전공으로 대학원에 진학하면서는 학업과 상담 실습을 병행하였습니다. 청소년상담센터, 대학상담센터에서 상담을 하며 경험을 쌓고, 상담심리사 자격증도 취득하였습니다. 그리고 대학원 졸업 후 2년 9개월 동안 LG Display에서 임직원들을 대상으로 심리상담을 하였습니다. LG Display에서 상담하는 동안 1:1 심리상담, 15명 내외의 사람들과 함께하는 집단상담, 100명 이상을 대상으로 하는 교육 등 다양한 형태로 전공지식과 노하우를 사람들에게 전달하였습니다.

이렇게 상담자의 길을 걷는 동안 심리학은 제게 많은 부분에서 도움을 주었습니다. 상담이란 인간의 내면을 다루는 일인데 심리학을 통해 인간 행동에 대한 이해, 정신병리에 대한 이해, 사회 속에서 행동하는 인간의 모습, 인간의 발달 과정, 성격 등을 배운 것이 내담자를 다각적으로 이해하고 치료와 개입이 필요한 부분을 정하는 데 큰 도움을 주었습니다.

또한 무엇보다 '과학자-실무자 모형Scientist-Practioner Model' 에 따라 공부하고 훈련을 받았기에, 보다 정확하고 신뢰할 수 있는 상담의 접근법을 꾸준히 배우고 적용하였으며, 상담 경험을 통해 쌓은 지식과 경험을 과학적으로 연구할 수 있는 기틀을 세울 수 있게 되었습니다. 이를 통해 눈에 보이지 않는 내면을 다루는 일을 상담자 혼자 주관적으로 하지 않고 과학적으로 연구해서 꾸준히 발전할 것이고, 이는 다시 내담자들을 효과적으로 도울 수 있는 바탕이 될 거라 기대합니다.

저는 저 같은 상담자뿐 아니라 심리학 관련 직업은 '대기만성형' 이라 생각합니다. 공부를 갓 끝내고 사회에 나왔을 때는 자신이 할 수 있는 역할이 적고, 처우 수준도 일반 기업에 취업하는 것보다 좋지 않은 편입니다. 하지만 시간이 지날수록 자신의 전문성이 쌓이고, 할 수 있는 역할이 늘어나며, 점차 더 좋은 대우를 받을 수 있게 됩니다. 다른 사람들이 은퇴를 걱정하는 시기가 되었을 때 오히려 인생에서 가장 뛰어난 역량을 발휘할 수 있게 될 것이라 생각합니다. 당장은 선택할 수 있는 직업이 많지 않을 것 같고, 심리학 전공이 가지는 장점이 잘 보이지 않더라도, 미래를 보는 안목과 기대하는 마음과 희망으로 공부와 경험을 쌓기를 바랍니다.

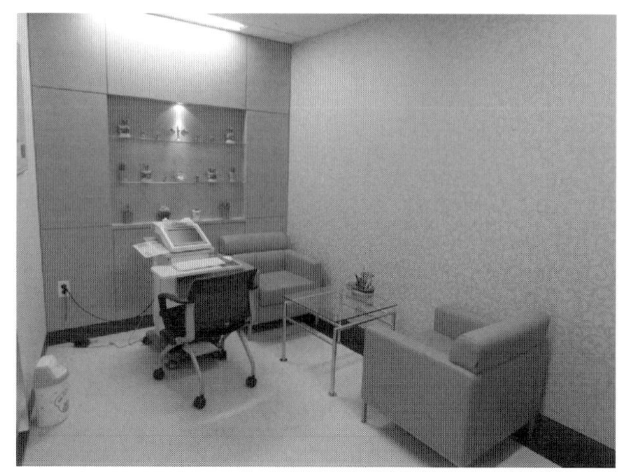

20

기업상담 활동과 심리학

 profile

이정민

(주)삼성 인사팀

이화여자대학교 학생상담센터 인턴 역임

이화여자대학교 심리학 석사(상담심리학)

상담심리사 2급

jminnie.lee@samsung.com

●●

현재 제가 회사에서 하는 일은 여러 가지가 있지만 간략히 말씀드리면 개인상담 및 심리검사 실시, 부서별/대상별 워크숍 실시, 성희롱 예방 활동, 교육진행, 상담 프로그램 기획 및 실시, 기타 업무 등입니다. 저는 경력사항으로 대학교 학생상담센터에서 교육생, 인턴 각각 1년 간 받은 것과 석사 졸업 후 6개월 정도 대학에서 시간제 상담원으로 일한 바 있습니다. 현재 직장 전 경력사항이 많은 편은 아닙니다.

첫째, 개인상담 및 심리검사 실시는 사내에 근무하는 임직원을 대상으로 다양한 주제의 상담을 실시하되, 면담, 이메일, 메신저, 전화 등 다양한 방법으로 상담을 하고 있습니다. 또한 임직원의 가족을 대상으로 상담을 할 수 있습니다. 둘째, 부서별/대상별 워크숍 실시는 부서 내 커뮤니케이션 활성화를 위한 상담 프로그램을 진행하며MBTI 워크숍, 점심 시간을 활용한 간담회 등, 사업장 내 외국인 인력, 워킹맘 등을 대상으로 한 워크숍을 진행하기도 합니다. 셋째, 성희롱 예방 활동은 「남녀고용평등법」에 따라 회사에서 근로자들을 대상으로 연 1회 이상 실시해야 하는 직장 내 성희롱 예방 교육을 진행하고 있으며, 성희롱 관련 상담 및 중재도 진행하고 있습니다. 넷째, 교육 진행은 조직 내 소통 증진, 대화법 교육/관리자 대상 면담스킬 교육, 정신건강 예방 관련 교육, 신입 및 경력 사원 대상 입문 및 적응 교육 등을 실시하고 있습니다. 다섯째, 상담 프로그램 기획 및 실시는 회사에서 또는 사원들이 필요로 하는 각종 상담 관련 프로그램을 기획 및 개발하고, 기획된 프로그램 및 교육도 직접 실행하고 있습니다. 기타 월간 소식지 제작 및 발송, 상담센터 홍보 활동홍보물 제작, 사보 및 사내 방송 기획, 기획안 및 보고서 작성 등 각종 문서 작업 등을 하고 있습니다. 꽤 많은 편이죠?

개인상담의 비중보다는 교육 및 기타 프로그램 등의 활동이 더 많고, 다양한 활동을 하게 되어 업무가 지루하다는 느낌은 들지 않습니다. 개인상담이나 심리검사 실시는 기본적으로 하는 업무이지만, 거기에다 늘 새롭고 신선한 프로그램을 개발하고 실시해야 하기 때문에 많은 창의성이 요구되는 업무로 느껴집니다. 상담과 관련한 프로그램이나 교육을 개발하는 데 있어서는 다양한 분야와 접목한다든가 다양한 방법을 찾아야 하는 경우가 많습니다. "이거는 절대로 안 돼!"라는 마인드보다는 'thinking outside of the box'를 많이 해야 하는, 융통성을 요하는 업무란 것을 알게 되었습니다. 회사 내 상담자는 회사와 직원 간 다리 역할을 해야 하기 때문에 어느 한쪽에 치우치지 않는 자세를 가지면서 둘의 이익을 최대화할 수 있는 방법이 무엇인지를 늘 염두에 두고 고민을 해야 하는데, 이 부분이 가끔 어려울 때도 있습니다. 상담이라는 특수한 분야의 일을 하기도 하지만, 회사에 속한 한 직원이기도 하기 때문에 때로는 내담자와의 이중 관계 문제나 내담자와 적절한 거리를 유지하는 데 어려움을 겪는 경우도 있습니다. 마지막으로, 어느 분야나 마찬가지지만 계속적인 자기계발이 필요한 것을 일하면서 많이 느낍니다.

최근 사회적으로 임직원의 심성 관리 및 정신건강에 대한 기업의 책임을 중요하게 여기고 있는 분위기가 형성되고 있으며, 기업은 생산성 고조와 기업 이미지 유지 등을 위해 이 부분에 심혈을 기울이고 있는 것으로 보입니다. 따라서 회사 측에서는 임직원의 스트레스 관리와 스트레스로 인한 사고 예방에 많은 힘을 쓰고 있고, 이 부분에서 심리학을 전공한 상담자의 도움 받기를 원합니다. 또한 회사에서는 업무 효율과 조직 내 소통, 커뮤니케이션 활성화를 위해 조직원 간 소통과 관리자의 면담 스킬 교육을 많이 요구하고 있고, 이런 분야에서 상담자의 전문 지식이 많이 활용되고 있습니다. 최근 몇 년 사이에 기업은 상담자의 역할에 많은 기대와 관심을 보이고 있으며, 앞으로는 더욱이나 기업 내에서 상담자의 비중이 커질 것으로 기대됩니다.

학생상담센터에서 교육생과 인턴으로 지내면서 주로 개인상담을 많이 실시했는데, 상담하는 것도 흥미로웠지만, 그보다는 좀 더 많은 사람들을 대상으로 하는 일을 하고 싶다는 생각이 들었고, 더 활동적인 일을 하고 싶어 교육과 워크숍을 진행하는 일에도 비중이 많은 기업 상담에 관심을 갖게 되었습니다. 물론 아동 · 청소년보다는 성인을 대상으로 한 상담에 관심이 더 많아 기업을 택하게 된 부분도 있습니다.

우선 상담이나 심리검사를 실시하는 데 있어서는 전공인 심리학이 물론 도움이 되고 필요한 학문이고, 수행하고 있는 거의 모든 업무에 심리학이 관여하지 않은 것은 없습니다. 업무 자체 외에는 조직생활을 하면서 사람들과 관계하는 데 심리학적 지식이 많은 도움이 되고 있습니다.

무엇보다 후배들에게 당부하고 싶은 것은 심리학의 기초를 잘 다져야 한다는 것이고, 어느 한 분야에 치중하기보다는 여러 분야에 대해 공부를 해 두는 것이 좋다는 점입니다. 현장에서는 어떤 일을 하고, 어떤 것을 요구 하는지 다른 분야를 접목시키는 등 좀 더 안목을 넓히고 융통성을 갖는 것이 좋다고 생각합니다. 또 어떤 일을 하더라도 함께 일을 하는 구성원들과 잘 융합하고 어울리는 것이 매우 중요하다는 것을 느낍니다. 대인관계능력을 키우는 것도 앞으로 일을 하는 데 큰 도움이 될 것입니다.

21

심리학을 활용할 수 있는 새로운 분야, 코칭

 profile

김은혜

(주)인코칭

한림대학교 심리학 학사

eunhae331@incoaching.com

●●

저는 심리학과를 졸업하고 ㈜인코칭에 입사하였습니다. 먼저 제가 다니고 있는 회사에 대해 간단히 설명을 하자면 ㈜인코칭은 '코칭 리더십' 을 통해 기업의 인적자원을 효과적으로 운영하여 최상의 성과 창출을 돕는 회사입니다. 개인의 변화를 통해 조직의 변화를 이루어 내는 것을 목표로 하여 여러 기업에 다양한 형태의 코칭과 코칭 교육을 제공하고 있습니다.

학교 선배의 소개를 받아 ㈜인코칭과 인연을 맺게 되었습니다. 인턴으로 일하면서 회사의 전반적인 분위기나, 제가 일할 수 있는 업무 등을 파악할 수 있었습니다. 코칭 분야에서 심리학이 널리 사용되고 있다는 사실도 처음 알게 되었고, 심리학적 지식과 경험을 이 회사에서 일하면서 사용할 수 있고, 새로운 분야를 배울 수 있겠다는 기대감으로 입사를 결심하게 되었습니다.

맡고 있는 업무를 크게 두 가지로 구분해 보자면 첫째, 기업의 코칭 프로젝트를 운영하는 일, 둘째, 교육 및 코칭 프로그램을 개발하고 정비하는 일입니다. 구체적으로 프로젝트 운영은 기업에서 인사관리나 직원 교육 등을 기획하고 관리하는 담당자들을 만나서 그들이 필요로 하는 교육이나 코칭에 관한 정보를 갖고 우리 회사가 갖고 있는 콘텐츠를 사용하여 최적의 코칭 · 교육 서비스를 제공할 수 있도록 하는 것입니다. 이 과정에서 저와 같은 직원들은 담당자를 만나고, 제안서 작성을 하고, 수주된 교육이나 코칭이 잘 시작되고 마무리될 수 있도록 관리하는 역할을 합니다. 또한 코칭이나 교육 이전에 행해지는 진단과 관련된 일도 담당하는데, 심리학에서 사용하는 성격검사나, 정서지능검사, 리더십 진단 등을 실시하고 결과를 정리하는 일 등을 합니다. 프로그램과 관련해서는 새로운 프로그램을 만들 때 자료를 수집하거나, 구성 및 틀을 짜는 일을 함께합니다. 이미 가지고 있는 프로그램을 업그레이드 시키거나 보완하는 작업도 제 업무 중 하나입니다.

그 외에도 대학생들을 대상으로 코칭 워크숍을 진행하기도 합니다. 대학생들이 자신을 좀 더 알고 장점을 살려 앞으로의 진로와 비전을 세워가는 데 도움을 줄 수 있어 저에게도 보람이 되고 즐거운 경험입니다.

개인적으로 심리학을 정말 재미있게 공부했는데, 제가 지금 있는 코칭 분야에서도 활용할 수 있는 것이 많아 즐겁게 일하고 있습니다. 심리학은 인간을 이해하기 위한 학문이기 때문에 관련된 이론을 배우게 됩니다. 코칭 또한 사람 중심이기 때문에 인간의 이해를 바탕으로 성장과 발전을 추구합니다. 이러한 연관성으로 인해 심리학적 배경지식은 코칭의 기본 원리나 사용되는 기법, 이론 등을 이해하는 데 도움이 됩니다. 또한 심리학에서 사용하고 있는 여러 평가 도구가 코칭 장면에서도 활용되고 있으며, 심리학에서 배우는 검사도구에 대한 이해는 설문지나 진단도구를 개발할 때 저의 업무를 더 잘 해낼 수 있도록 도와줍니다.

아직은 조직생활이나 업무들을 배워나가는 단계이지만, 코칭 교육을 모두 이수하고 강의와 코칭 경험을 쌓아가면서 젊은 CEO, 임원들을 대상으로 코칭을 진행하는 모습을 꿈꿔 봅니다. 그러기 위해서는 지금 하고 있는 일을 통해 코칭의 큰 틀을 이해하고, 방법을 하나씩 익혀 가는 과정이 필요하다고 생각합니다.

제가 대학에 와서 심리학과를 선택했을 때의 모습과 지금의 모습은 많은 차이가 있습니다. 상담심리학을 공부하고 싶어서 심리학과에 지원하였고, 공부하는 동안에는 임상심리학에 관심이 있었습니다. 그리고 지금은 임상심리학적 지식뿐만 아니라 산업심리학과 연관되는 일을 하고 있습니다. 과목을 하나하나 들을 때마다 스스로에게 적용해 보면서 저 자신에 대한 이해와 함께 주변 친구들, 가족들에 대한 이해도 깊어졌습니다. 관계에 대한 어려움이나, 제 성격에 대한 부분도 더 잘 이해하고 장점과 단점을 잘 알게 되는 계기가 되었습니다. 저는 심리학을 배우면서 제 인생이 참 많이 달라졌다고 생각합니다.

지금 심리학을 배우고 있다면 세부 전공을 가리지 말고 전반적으로 심리학에 대해 깊이 이해하려는 자세가 나중에 분명히 도움이 될 거라고 생각합니다. 학과 공부뿐만 아니라 영어 공부 등 다른 전공의 수업을 듣는 것, 다양한 활동과 경험을 통해 사람들을 많이 만나는 것 또한 나중에 사회에서 조직생활을 하는 데 큰 자산이 될 수 있습니다.

고등학생이라면 자신이 무엇을 좋아하고 싫어하는지, 무엇을 잘할 수 있는지, 무엇을 할 때 즐거운지 스스로 질문하여 자신을 알아가는 것에서부터 진로 고민을 하면 좋겠습니다. 심리학과에 지원하고 싶다면 심리학에는 어떤 분야가 속해 있는지, 어떤 내용을 공부하는지 알아보고 정말 자신이 생각했던 공부가 맞는지 고민해 보기를 권합니다. 대학에서 자신이 생각했던 심리학과 실제 공부하는 내용이 달라서 어려움을 겪은 친구가 기억납니다. 그 친구가 생각한 심리학은 사람의 마음에 관한 것이었는데 첫 수업에서 뇌에 대한 내용이 나와 당황하였던 것입니다. 그리고 심리학을 공부한 선배들이 어느 영역에서 일하고 있는지 살펴보는 것도 진로를 선택할 때 신중히 고려할 수 있는 좋은 방법입니다. 요즈음에는 심리학을 전공한 사람들이 계속 공부하는 길뿐만 아니라 검사도구를 출판하고 만드는 영역, 저와 같은 코칭 영역, 헤드헌터 회사 등 여러 방면에 걸쳐 다양하게 일하고 있는 것을 봅니다.

목표가 아직까지 분명하지 않은 친구들을 위해서 말해 주고 싶습니다. 여러분들이 왜 심리학과에 지원하고 싶은지 명확하든 명확하지 않든, 지금 이 순간에 최선을 다하고 즐길 수 있다면 기회가 왔을 때 잡을 수 있고 본인이 갖고 있는 여러 능력과 더불어 심리학을 활용할 수 있을 거라고 생각합니다.

여러분 앞에는 무한한 가능성과 아직 그 누구도 예측할 수 없는 미래가 기다리고 있습니다. 고등학생, 대학생 여러분 이제 시작입니다! 꿈을 갖고 전력질주하시기 바랍니다.

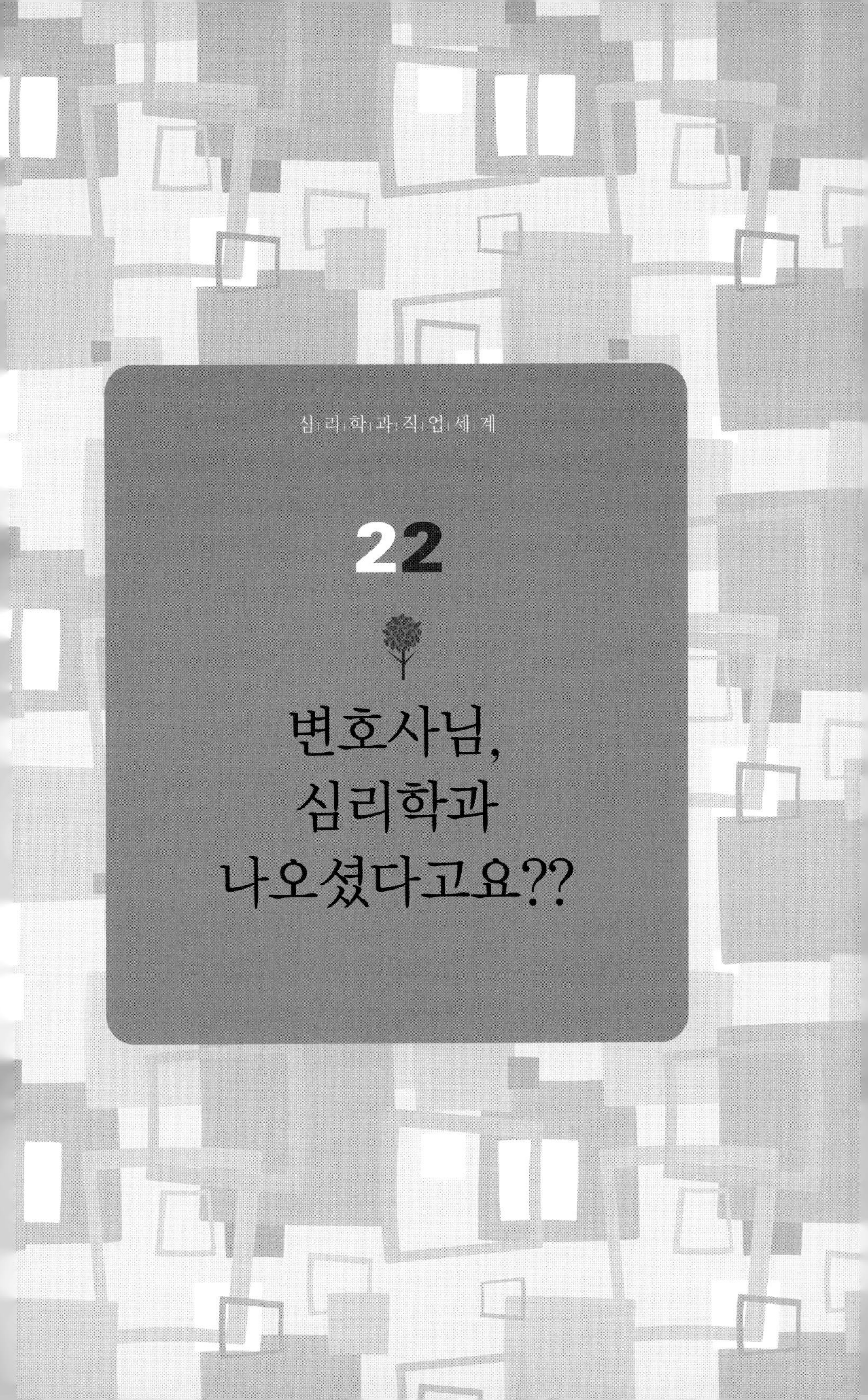

22

변호사님, 심리학과 나오셨다고요??

 profile

노영희

대한변호사협회 대변인
노영희 법률사무소
제45회 사법시험 합격
성균관대학교 심리학 박사 과정 수료
덕성여자대학교 심리학 학사
puffyoung@naver.com

●●

저는 현재 대한변호사협회 대변인으로 일하고 있고, 서초동에서 '노영희 법률사무소' 를 운영하고 있습니다. 이 자리를 통해 여러분들께 심리학과를 졸업하고 인지심리학으로 박사를 수료하기까지 15년 동안 심리학만 공부했던 제가 어떻게 해서 변호사가 되었는지, 과연 심리학이라고 하는 것이 변호사라고 하는 직업과 어떤 관련성을 가지는지 등을 제 경험에 비추어 간단하게 말씀드리고자 합니다.

저는 대원외국어고등학교 불어과를 졸업했습니다. 잘 아시다시피 저희 학교는 다른 학교에 비해서 내신이 상당히 불리한 편인데다가, 당시 불어과, 독어과, 서반아어과, 일본어과 네 개의 기본 언어별 분류하에 남녀별로, 또 이과와 문과별로 내신을 각각 다르게 책정하는 시스템이었기에, 저는 학교 졸업 당시 여자 이과학생으로서 전체 내신 15등급 중 8등급을 받았습니다.

그러므로 부족한 내신을 수능 시험당시에는 학력고사 성적으로 만회했어야 했습니다. 그런데 마침 '우황청심환' 을 먹고 시험을 보면 마음이 안정되어 좋은 결과를 낼 수 있다는 친구들의 말을 듣고 시험 보는 날 난생 처음으로 메추리알 크기의 우황청심환 한 알을 다 먹었습니다. 안타깝게도 약효가 너무 과해서 그랬는지, 시험 보는 내내 비몽사몽 정신을 차리지 못하고 잠과 사투를 벌이느라 문제에 집중할 수가 없어 시험을 완전히 망치고 말았습니다. 결국 전기에

떨어지고 후기대학에 지원하면서 아예 문과로 전향하여 심리학과에 입학하게 되었습니다. 지금 생각해 보면 우황청심환이 제 인생을 바꿔놓았다고 볼 수 있겠죠?

전공을 선택할 때는, 막연하게 "심리학이라고 하는 것은 재미있지 않을까, 미팅 나갔을 때 상대방이 나에게 호감을 가질지 아닐지를 미리 안다면 얼마나 좋을까? 점쟁이처럼 거짓말을 하는 사람이 누구인지 금방 알아볼 수 있지 않을까?"라는 식의 유치하고 단순한 생각이 지배적이었던 것 같습니다. 그런데 공부를 해 보니 우리가 상식적으로 알고 있던 심리학이라고 하는 것 외에 예컨대 생리심리학, 노인심리학, 학습심리학, 인지심리학, 지각심리학 등등 실로 다양한 하위 과목들이 심리학 내에 존재하고 있었습니다. 평상시에는 생각도 못했던 뇌 구조를 들여다보고 컴퓨터 네트워킹 시스템과 대비되는 인간의 정보처리방식 등에 대해 공부를 하면서 특히 저는 '인지심리학'이라고 하는 과목에 대해 흥미를 가지게 되었습니다.

인지심리학은 심리학 중에서도 기초학문으로서 사람들이 특정 자극을 처리하는 방식 등을 연구함으로써 인간을 이해하고자 합니다. 구체적으로 적용되고 논의되는 영역은 지능, 언어, 기억, 학습, 정보처리 등이지요. 학부 때 교수님께서 하셨던 연구 중에 사람들이 무언가를 기억하려고 할 때 그와 유사한 인자를 가진 선행정보가 어떤 방식으로 간섭을 일으켜 기억상 오류를 발생시키는지를 알아보는 것이 있었습니다. 그때 제가 피험자로서 그 실험에 직접 참여했는데, 그 일을 계기로 교수님과 친해지게 되어 인지심리학을 전공하는 데까지 이르게 되었습니다.

그 이후 저는 대학원에 가서 인지심리학을 전공하였고, 박사 과정 수료까지 하게 되었습니다. 석사 1년차 때 우연히 전공과 연계하여 영재들을 위한 논리력 향상 프로그램을 만드는 일을 하게 되었다가 영재아들을 직접 가르치는 일을 직업으로 삼게 되었고, 서울에 있는 여러 대학교에서 시간강사를 하기도 하였습니다.

이렇게 약 15년 동안 심리학 공부만 하였던 제가 갑자기 변호사가 된 것은 제 성격과 많은 연관이 있습니다. 저는 기본적으로 합리적이고 심도 깊게 여러 가지를 고려하여 의사결정을 하지 못하는 성격이기도 했거니와 자신에게 주어진 것이 얼마나 고마운 것인지 깨닫지도 못했었습니다. 게다가 싫증을 잘 내고 무모하기까지 한 단순함이 한몫 더하여 어느 날 갑자기 그동안 해 왔던 모든 일들이 무가치하게 느껴지고 지겨워지기 시작했습니다.

영재도 아니면서 영재를 가르친다는 것에 회의감이 들었고 운이 좋아 교수가 된다 해도 끊임없이 공부하는 삶을 살면서 지루하게 살아야 하는 것도 자신이 없었습니다. 그러던 중에 신림동으로 이사를 가게 되었는데, 청춘을 다 바치면서 공부에 몰두하는 고시생들을 보면서 나도 무언가에 한번 열심히 빠져 보았으면 좋겠다는 생각을 하게 되었습니다. 사법시험에 필요한 과목이 무엇인지도 전혀 모르는 상황에서 갑자기 시작한 고시 공부는 돌이켜 보면 실로 어리석고 위험천만한 것이었습니다. 그럼에도 다행스럽게도 비교적 짧은 기간의 수험생활을 거쳐 사법시험에 합격하였습니다. 사법시험 2차 발표가 있던 날은 제가 성균관대학교에서 강의를 하고 있을 때였는데 핸드폰으로 계속 전송되는 축하 문자를 받고 어리둥절해하고 깜짝 놀랐던 기억이 아직도 생생합니다.

제가 가졌던 특이한 이력 때문인지 아니면 심리학을 전공한 사람으로서 사건을 의뢰한 당사자들과 공감대를 형성하고 깊은 이해를 줄 수 있었기 때문인지 정확한 이유는 모르겠지만, 심리학과 출신의 변호사로서 저는 나름대로 무탈하게 업무를 수행할 수 있었고 현재의 제 상황에 대해서 깊이 감사하는 마음을 가지고 있습니다.

제가 하는 변호사 업무라고 하는 것을 단순화시켜 정의해 보면 결국 사람들의 민·형사적 행위를 설명하고 타인을 설득해서 내 주장이 옳다는 것을 관철시키는 것이라고 할 수 있습니다. 그리고 그러한 업무를 하는 데 있어서 '심리학'이라고 하는, 인간을 이해하고, 인간을 위해 존재하는 이 기초학문이 너무나도 당연하게 부지불식간에 많은 도움을 주었습니다.

예컨대, 상담심리와 임상심리를 배운 것은 의뢰인들과 상담하면서 그들의 행위 당시 상황을 이해하여 사건을 수임하고 의뢰인들에게 심리적인 안정감을 주는 데 많은 도움을 주었고, 인지심리 등을 배운 것은 사건을 논리적이고 체계적으로 분석하고 정리하여 어떤 점에 주안점을 두어 법을 적용시키고 판사를 설득할 것인가를 결정하게 해 주었습니다.

판사와 검사 및 변호사는 사람을 상대로 질문하고 그 대답을 들어서 사건의 진실을 파악하는 업무를 합니다. 이를 '신문'이라고 하는데 죄를 저지른 사람을 상대로 질문을 하고 답을 들으면서 그 사람이 거짓말을 하는지 안 하는지 파악하는 것을 '피고인 신문'이라 하고, 죄를 저지른 사람이 아니거나 사건의 당사자가 아닌 사람을 대상으로 사건을 파악하기 위해 질문하고 답을 듣는 것을 '증인 신문'이라고 합니다. 바로 이러한 신문을 함으로써 사건을 파악하는 데 있어 '심리학'이라고 하는 학문이 매우 중요한 역할을 할 수밖에 없는 것입니다.

현재 저희 법조계에는 저 외에도 심리학과를 졸업하고 변호사가 된 분들이 계십니다. 물론 많은 숫자는 아니지만 법조인 양성 과정이 로스쿨을 통해서 가능하게 된 현시점에서는 학부 때 심리학과를 졸업한 분들 중에 법조계로 진출하려는 분들의 숫자가 더욱 많아질 것으로 기대하고 있습니다.

심리학은 기초과학이기 때문에 비단 법조계에서 활동하는 데 도움을 주는 것뿐 아니라, 수많은 여러 직업세계에서 두각을 나타내는 데 밑거름이 될 수 있습니다. 결국 우리가 의식을 하든 안 하든, 더불어 살아가는 이 세상은 심리학이라고 하는 커다란 울타리를 벗어나서는 존재할 수 없고, 앞으로도 그러할 것임을 분명히 알 수 있습니다.

지금까지 짧게나마 저의 보잘것없는 과거사를 정리하고 현재의 저를 있게 해 준 제 인생의 몇 가지 포인트를 짚어 보았습니다. 그 포인트가 잘된 것인지, 잘못된 것인지, 또 앞으로 10년 후에도 그 포인트가 현재와 같은 모습으로 영향을 미칠 것인지 저로서는 알 수 없는 일입니다. 하지만 그럼에도 저는 '심리학'을 떠난 제 인생은 존재할 수 없다는 것을 분명히 말씀드리고 싶습니다. 감사합니다.

저자 소개

한국심리학회

66년의 역사를 가진 한국심리학회는 12개의 분과학회, 6,500명의 회원, 11개의 한국연구재단 등재 학회지를 보유하고 있는 국내 인문사회과학 계열의 대표적인 학회다. 한국심리학회는 불확실성, 비합리성, 갈등의 증폭을 지혜롭고 과학적으로 헤쳐 나가고자 하는 현대 한국 사회의 요구에 부응하여 심리학을 통해 개인의 행복, 개인 간 소통, 집단 간 협력, 사회의 통합을 과학적으로 연구하며 실천 방법을 제시해 주고자 노력하고 있다. 한국심리학회는 그간 쌓아 온 학문적 역량을 바탕으로 일반인과 지역사회에 유익을 제공하는 것은 물론 세계화 시대에 발맞춰 아시아 심리학계를 주도해 나가고자 하는 중 · 장기 계획을 세우고 단계적으로 실천해 나가고 있다.

박랑규 아이코리아 치료교육연구원 원장

이경희 호연심리상담센터 대표

이영석 (주)ORP연구소 대표

이수정 경기대학교 대학원 범죄심리학과

노규형 (주)리서치 앤 리서치(R&R) 대표

김성균 ideacompany prog

김수영 (사)인터넷꿈희망터

손규일 한국산업인력공단

이종명 해바라기아동센터

권기동 교통안전공단

김미하 전주자림학교

김태경 백석대학교 대학원 특수심리치료학과

김진성 한국청소년상담원

김성철 미래병원

한영옥 KRA 유캔센터(한국마사회 소속)

김유정 홍경자 심리상담센터

황민아 단국대학교 특수교육과

조현종 (주)샤뽀/루이엘 모자박물관(전주)

이은영 연세의료원

이정민 (주)삼성

김은혜 (주)인코칭

노영희 대한변호사협회 대변인/노영희 법률사무소

심리학과 직업세계 1

2012년 3월 15일 1판 1쇄 발행
2014년 9월 25일 1판 2쇄 발행

지은이 • 한국심리학회
펴낸이 • 김진환
펴낸곳 • (주) 학지사
121-838 서울특별시 마포구 양화로 15길 20 마인드월드빌딩
대표전화 • 02)330-5114 팩스 • 02)324-2345
등록번호 • 제313-2006-000265호

홈페이지 • http://www.hakjisa.co.kr
커뮤니티 • http://cafe.naver.com/hakjisa

ISBN 978-89-6330-806-7 03180

정가 12,000원

저자와의 협약으로 인지는 생략합니다.
파본은 구입처에서 교환해 드립니다.